Wolfgang Salomon

Mit dem Wind
VON TRIEST NACH VENEDIG

Eine *kulinarische* Segelreise
durch die Lagunen der Oberen Adria

Styria
VERLAG

INHALT

SCHMETTERLINGE IM BAUCH
Segel setzen & Kurs halten 8

ORDNUNG IST DAS HALBE (SEE)LEBEN
Die Vorbereitungen zu Land 14

TAG 1 LEINEN LOS!
Von Casarsa della Delizia
bis San Giorgio di Nogaro 32

TAG 2 CALLAS, CASONI UND EINHORN-EIS
Von Marano bis Triest 48

TAG 3 ZWISCHEN DEN ELEMENTEN ZUHAUSE
Von Triest via Miramare
nach Grado 80

TAG 4 FRÜHSTÜCK MIT DER GRADESER QUEEN OF CRIME
Von Grado nach Venedig 94

TAG 5 HEIMSPIEL
Venedig und Il Lido 112

TAG 6 INSELGEFLÜSTER
Laguna Morta e Laguna Sud 130

TAG 7 IM SCHATTEN DER SERENISSIMA
Poveglia, Pellestrina
und Chioggia 144

TAG 8 ARRIVEDERCI, EIN ANKOMMEN
Von Chioggia nach Lignano und
zurück in den Heimathafen 158

DIE GESCHICHTE IST NOCH NICHT ZU ENDE
Anhang und Ergänzendes 176

ZUR INSPIRATION
Meine »Mit dem Wind«-Cucina im Überblick 180
Reiseliteratur 182
Diskografie 184

BILDER EINER REISE:
S. 2/3: DIE MORGENDLICH (NOCH) VERWAISTE PIAZZA UNITÀ,
DAS WOHNZIMMER DER TRIESTINER
S. 4: DER LUIGI IM GRADESER PORTO VECCHIO
DIESE SEITE: MARITIMES STILLLEBEN IN SOTTOMARINA

»SO BRACHTEN MICH OFTMALS EIN WORT IN EINEM SATZ, DER TITEL EINES BUCHES, DIE CHINESISCHEN BILDER AUF MEINER UNTERTASSE AN BORD EINES SCHIFFS DER FANTASIE UND LIESSEN DIE TAUSEND WONNEN MEINER IMAGINÄREN REISE AUFKOMMEN.«

HONORÉ DE BALZAC, TRAUMREISEN

Schmetterlinge im Bauch

SEGEL SETZEN & KURS HALTEN

WILLKOMMEN AN BORD: VORWORT

Eine richtige Kombüse unter dem Knattern der Segel auf offener See oder in einem fremden Hafen zu bespielen zählt seit vielen Jahren zu meinen unerfüllten Erwachsenenträumen. Kreativ den Kochlöffel schwingen, den Blick aufs Meer gerichtet, einen romantischen oder geschichtsträchtigen Zielhafen – im Zweifelsfall gerne eine Kombination aus beidem – in Aussicht und als Tüpfelchen auf dem i der dazu passende Soundtrack zur Untermalung meines Kopfkinos. Das kommt meiner Vorstellung vom Paradies schon ziemlich nahe.

Nach einigen Anläufen ist dieser Sehnsuchtstraum endlich in greifbare Nähe gerückt. Morgen geht unsere von langer Hand geplante Reise los. Nur mit der Kraft des Windes nähern wir uns den Sehnsuchtsorten der nördlichen Adriaküste auf dem Seeweg und erkunden unsere Destinationen zwischen Triest und Venedig aus für mich völlig neuer Perspektive.

Mit meinem Kapitän und Namensvetter Wolfgang werde ich eine ganze Woche unterwegs sein, um Triest, Grado, Lignano und die venezianische Lagune bis hinunter nach Chioggia zum ersten Mal von der Seeseite aus zu erkunden. Eine absolute Premiere, die mir Schmetterlinge in den Bauch zaubert!

Schiff ahoi und Leinen los!

»Mit dem Wind« schildert die Eindrücke meiner ersten Segelreise durch die nördliche Adria und ist somit ein Reisetagebuch für passionierte Segler, aber auch für Landratten, die das Meer bislang lieber aus sicherer Entfernung betrachteten und gern festen Boden unter den Füßen haben.

BILD VORIGE SEITE: AUF, RICHTUNG HORIZONT!

— SEGEL SETZEN & KURS HALTEN —

Wer im Urlaub gerne selbst für sein leibliches Wohl sorgt, kann sich von den Rezepten meiner Cucina Italiana inspirieren lassen. Musikliebhaber finden meine persönlichen Musiktipps, die »Empfehlungen vom Smutje« – das bin ich, der Kombüsenchef –, im Anhang ab Seite 184. Stimmige Buchempfehlungen für den abendlichen Lesegenuss unter dem Sternenhimmel und zahlreiche Tipps in unseren Zielhäfen sorgen für ein rundes Reiseerlebnis. Ich freue mich auf ein gemeinsames Segelsetzen. Sind Sie bereit?

Schiff ahoi und Leinen los!

MIT VERTRÄUMTEM BLICK IN RICHTUNG SONNENUNTERGANG

Mit dem Wind
DIE ROUTE

Vom Nordosten Friaul-Julisch Venetiens aus trägt uns der Wind bis zum istrisch geprägten Grenzgebiet Italiens rund um Triest und entlang der bekannten Badeorte der nördlichen Adria bis nach Venedig und Chioggia.

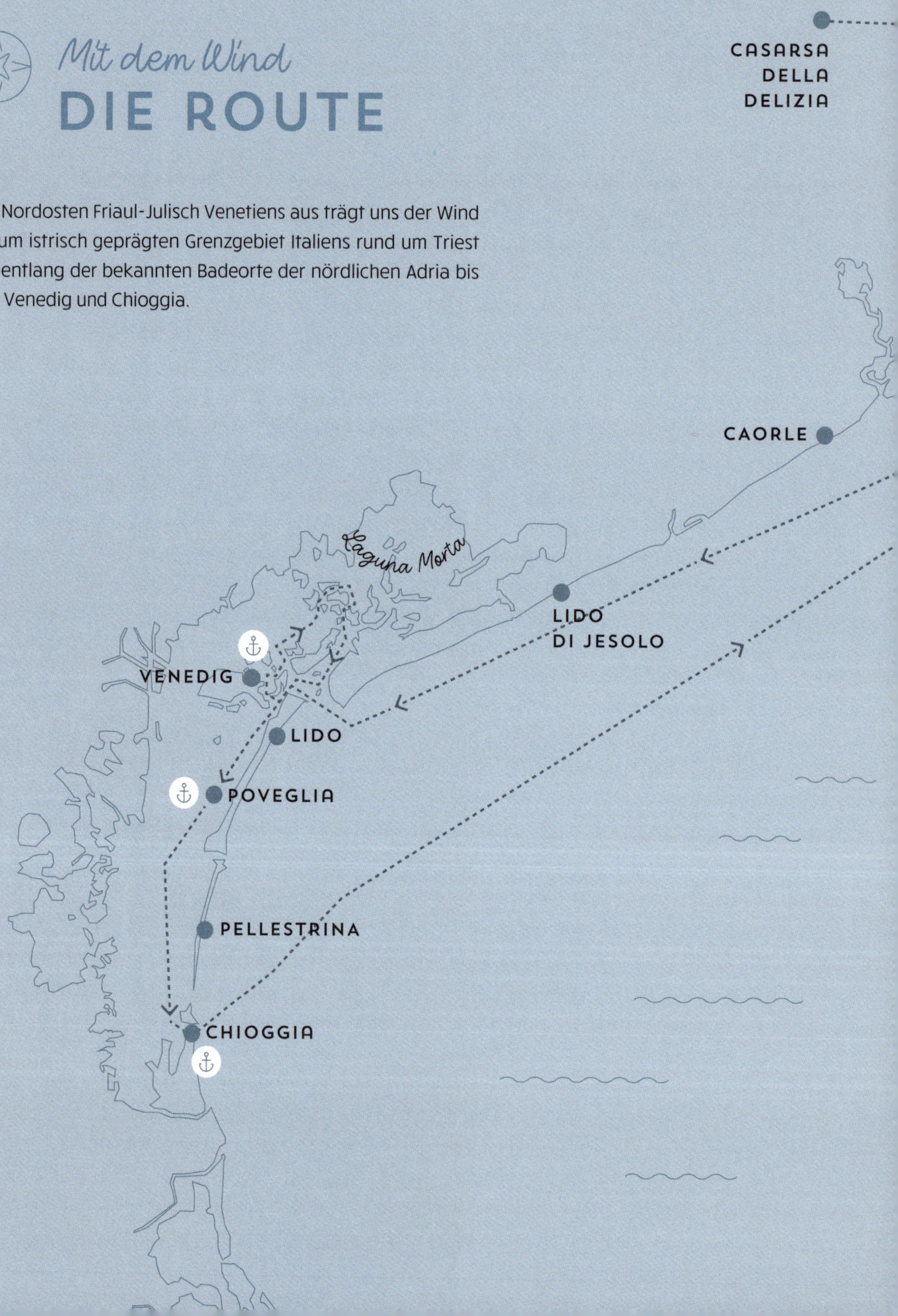

CASARSA DELLA DELIZIA

CAORLE

Laguna Morta

LIDO DI JESOLO

VENEDIG

LIDO

POVEGLIA

PELLESTRINA

CHIOGGIA

DIE ROUTE — 13

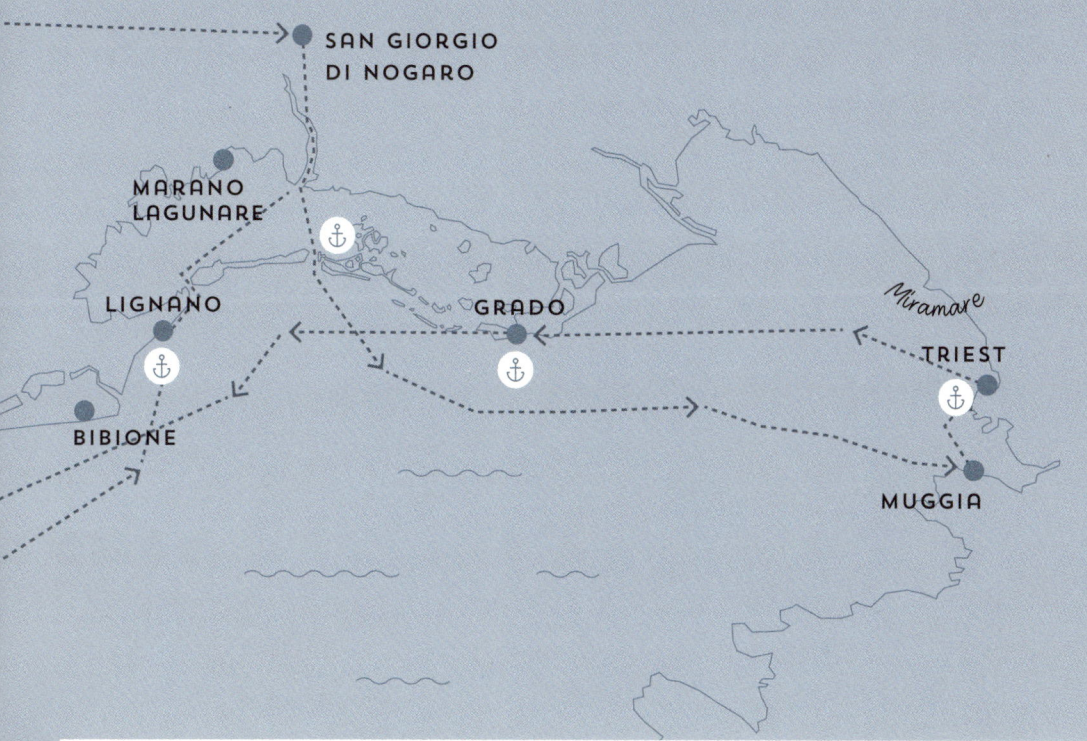

TAG 1 S. 32	Pasolini, frischer Spargel & meine erste Nacht auf dem Meer	TAG 5 S. 112	Germanische Sexualakrobaten, literarische Schätze bergen & die Seele baumeln lassen am Lido
TAG 2 S. 48	Ohrenbetäubende Stille vor Marano, Quallenpest in Muggia & Trieste bei Nacht	TAG 6 S. 130	Schiffe versenken vor Sant' Andrea, der Knochenstrand von Sant'Ariano & Vollmond über Malamocco
TAG 3 S. 80	Meine großen Learnings, ein k. u. k.-Brunch vor dem Märchenschloss & ein formidabler Tagesausklang im alten Hafen Grados	TAG 7 S. 144	Morgenspaziergang auf Poveglia, Pellestrina en passant & Markttag in Chioggia
TAG 4 S. 94	Ein Sonnenaufgang im Meer, Lagunen-Frühstück mit Grados Krimi-Königin & auf in die Serenissima	TAG 8 S. 158	Wir segeln retour, ein Unwetter beißt uns in den Allerwertesten & finalmente Lignano

Ordnung ist das halbe (See)Leben

DIE VORBEREITUNGEN ZU LAND

ADRIA, HERE I COME!

Eine Reise wie diese bedarf gewisser Grundüberlegungen, denn obwohl ich in den letzten Jahren bereits mehrmals mit dem Kajak und dem Motorboot in den diversen Lagunen unterwegs war, beschränkt sich meine Segelerfahrung bis dato auf den kindlichen Fernsehgenuss der »Onedin-Linie« und die überbreiten Koteletten meines Helden der 1970er Jahre Captain James Onedin. Ich kann also nicht mit Sicherheit sagen, wie es um meine Seefestigkeit steht. Alte Segelhasen mögen demnach Nachsicht üben, wenn mir der eine oder andere Fachterminus der Seglersprache nicht ganz korrekt über die Lippen gleitet.

Als Herausforderung für unseren Trip gilt aber unbedingt auch meine Teilzeit-Misanthropie, die man mir auf den ersten Blick vielleicht gar nicht zutraut. Natürlich haben Wolfgang und ich in intensiven, klärenden Vorgesprächen die Anforderungen und Ziele unserer gemeinsamen Reise besprochen. Doch wie wir wissen, gehen bei gemeinsamen Urlauben manchmal selbst beste Freundschaften in die Brüche. Und zusammen mit einem mir (fast) völlig fremden Menschen, eine Woche auf einem 15 Meter langen Segelboot zu verbringen, nur umgeben von Wind und Wasser … Ich kreuze vorsorglich die Finger, spucke über die rechte Schulter und wünsche uns Mast- und Schotbruch.

Guter Dinge packe ich meinen Seesack zu zwei Drittel mit passender Literatur, zu einem Drittel mit der nötigen Bekleidung und ausreichend Sunblocker, Schutzfaktor 50. Mein gut bestückter MP3-Player, meine Kopfhörer und die kleine Marshall-Box kommen in eine Extratasche. Die nahe Abreise feiere ich im Kreise meiner Familie im Rahmen eines wehmütigen böhmisch-wienerischen Mast- und Schotbruch-Menüs, bevor ich mich am nächsten Tag mit vielen gut gemeinten Tipps à la »Fall nicht über Bord« oder »Setzt euer Schiff nicht auf Grund«

> »GIBT ES EIN ANDERES LEBEN? WERDE ICH AUFWACHEN UND SEHEN, DASS DIES HIER ALLES EIN TRAUM WAR?«
>
> JOHN KEATS AN BORD DER MARIA CROWTHER, 1820

DIE VORBEREITUNGEN ZU LAND

und meiner von der 2011er-Tour stammenden Vasco Rossi-Comandante-Kappe auf den Weg in Richtung Meer mache. Ich bin bereit. Adria, here I come!

OFFLINE-SOUND-SYSTEM UND MARITIMES OPERNGLAS FÜR HORIZONT-BEOBACHTUNGEN

HERD, MEER UND GESANG

Für mich ist seit jeher das Zusammenspiel zwischen der Kreativität am Herd, der stimulierenden Wirkung des Meeres und dem dazu passenden Soundtrack eine sinnliche Dreifaltigkeit, die viel mit Bauchgefühl zu tun hat. Meine Gerichte entstehen fast immer intuitiv, sind stark von den jeweiligen Stimmungen meiner Umgebung abhängig. Alle in diesem Buch gesammelten Rezepte wurden ausgehend vom jeweiligen Tagesangebot bei den lokalen Händlern, Wochen- bzw. Supermärkten ohne Vorplanung vor Ort kreiert. Ich habe einzig darauf geachtet, dass alle Speisevorschläge ohne großen Zeitaufwand (maximal 30 Minuten pro Gericht) und ohne große Vorkenntnisse auf jedem Urlaubsherd leicht nachzukochen sind. Bei einigen Rezepten können sogar die Überbleibsel vom Vortag mit wenigen Handgriffen zu einem schmackhaften Zwischengericht umfunktioniert werden, damit ausreichend Zeit für die Erkundungstouren an Land bleibt.

BILD VORIGE SEITE:
TERRAZZA A MARE,
MEETINGPOINT UND
POSTKARTENMOTIV VON
LIGNANO SABBIADORO

KOMBÜSEN-GEHEIMNISSE

Kochbücher habe ich, beruflich wie privat, so gut wie nie verwendet. Ich habe immer aus dem Bauch herausgekocht und damit die schmackhaftesten Ergebnisse erzielt. In meinem kleinen Rezepturenbüchlein, in dem ich seit einem Vierteljahrhundert meine Kochfantasien notiere, sind daher nur Zutaten und keine Mengenangaben zu finden (stattdessen habe ich bei den Rezepten den einen oder anderen Musiktipp vermerkt). Dementsprechend sind die Mengenangaben und Zutaten in den nachfolgenden Rezepten nur als Richtwerte zu sehen. Die Zutaten können und sollen auch nach Lust und Laune und abhängig vom saisonalen Angebot variiert werden und Ihrer Inspiration dienen. Der Fantasie sind dabei keine Grenzen gesetzt.

In jeder guten Bordküche ist vom Kochtopf bis zu den Weingläsern alles an Küchenzubehör vorrätig. Deshalb packe ich nur zwei scharfe Küchenmesser (groß und klein), einen Pürierstab mit passendem Mixbecher sowie einen Kugelausstecher und einen Trüffelhobel ein. Die beiden letzten Utensilien sind optional und dienen der appetitlichen Präsentation der Speisen.

Die »Mit dem Wind«-Rezepte dienen als Inspiration und können nach ihrem persönlichen Geschmack und saisonal erhältlichen Produkten variiert werden. Lassen Sie Ihrer Fantasie freien Lauf. Bei den Angaben habe ich bei einigen Zutaten die von mir verwendeten Produzenten und Herkunftsbezeichnungen angegeben. Da man in der Regel nicht jeden Tag Olivenöl aus dem Karst oder Pompona-Vanille im Küchenschrank hat, können die Rezeptvorschläge mit den zur Verfügung stehenden oder am Markt erhältlichen, präferierten Zutaten fabriziert werden. Ihrer Kreativität sollen dabei keine Grenzen gesetzt werden.

Bevor wir in See stechen, sind am heimischen Herd noch ein paar küchentechnische Vorbereitungen zu treffen, die effektvoll und zeitsparend der Veredelung diverser Speisen dienen. Meine eigens fabrizierten Spezereien schlichte ich später gut verpackt in eine Thermobox.

EISERNE FAUSTREGEL DER CUCINA ITALIANA

Je hochwertiger die Ingredienzen, desto geschmackvoller ist natürlich das Ergebnis.

DIE VORBEREITUNGEN ZU LAND

Improvisieren, ausprobieren und kreativ sein!

Die nachfolgenden acht Öle und Essenzen sind, bis auf das Minze-Koriander-Chutney, mehrere Wochen bzw. Monate haltbar und eignen sich hervorragend dazu, Ihre Gerichte mit ein paar wenigen Handgriffen zu verfeinern – sei es in einer Bordkombüse oder der Küchenzeile Ihrer Ferienwohnung. Zum Aufbewahren eignen sich gut verschließbare Schraub- oder Bügelgläser bzw. -flaschen. Vor dem Befüllen sollten diese in kochendem Wasser für mehrere Minuten sterilisiert werden.

Für meinen Vorbereitungsnachmittag in der heimischen Küche habe ich mir meinen persönlichen Soundtrack aus unkaputtbaren Italo-Hits zusammengestellt. Urlaubsfeeling von null auf hundert – schmachtendes Mitsingen habe ich mir erlaubt!

VERFÜHRERISCHE ZAUBERÖLE, DUFTIGE BALSAMICO-ESSENZ, EXOTISCHES CHUTNEY, SOMMERLICHES PESTO UND SÜSS-SAURE LIMONADE DIENEN ALS BASIS ZUM VERFEINERN IN DER BORDKÜCHE.

VANILLEÖL »OVAL« *Olio di Vaniglia*

½ Schote	Pompona-Vanille
150 ml	natives Olio Celo Olivenöl vom Triestiner Winzer und Olivenöl-Produzenten Sancin aus San Dorligo della Valle in Triest

ZUBEREITUNG

Die halbe Vanilleschote aufritzen. Das nach Rumtopf und Kirschblüten duftende Mark auskratzen und in eine passende Glasflasche mit Bügelverschluss geben. Mit dem aus den autochthonen Olivensorten Leccino, Pendolino, Frantoio, Moraiolo und Bianchera vermählten Olio Celo auffüllen, kurz schütteln, gut verschließen und vor Gebrauch mindestens zwei Tage in einer dunklen Ecke der Küche gut durchziehen lassen.

Gerne lege ich in dieses hocharomatische Öl angebratene Jakobsmuscheln ein oder verfeinere damit gebratene Garnelen.

Für mein Vanille-Öl verwende ich gerne die von den Antillen stammende rare Pompona- oder Bananen-Vanille. In den fleischigen, fetten Schoten findet sich sehr wenig, dafür aber umso feinerer Vanille-Anteil, der dem »Oval« seine besondere, fragile Note gibt.

ORANGENÖL »ARANOL« *Olio di Arancio*

1	sizilianische Orange mit unbehandelter Schale
100 ml	natives Olivenöl vom Triestiner Olivenölproduzenten Parovel aus San Dorligo della Valle

ZUBEREITUNG

Die gut gewaschene und mit einem Küchentuch trocken polierte Orange für etwa eine halbe Minute in kochendem Wasser blanchieren. Währenddessen die Frucht mit einem Siebschöpfer drehen, sodass alle Teile ausreichend mit dem heißen Wasser in Berührung kommen. Die Orange kurz unter kaltes, fließendes Wasser halten. Mit einem Zestenreißer oder Sparschäler die Zesten bzw. die dünn abgezogene Schale zusammen mit dem ausgepressten Saft der halben Orange in eine passende Glasflasche mit Bügelverschluss füllen. Mit dem Olivenöl aufgießen, gut aufschütteln und verschließen.
Den restlichen Orangensaft in kleinen Schlucken genießen.

Ich habe das Glück, von einem in Wien ansässigen sizilianischen Händler, der Orangen aus seinem Familienbetrieb importiert, mit sonnengereiften, aromatischen Früchte versorgt zu werden. Das Frucht-Säure-Spiel gibt dem »Aranol« den gewünschten Zitruskick, den ich im Zusammenhang mit Meeresfrüchten über alles liebe. Das Öl eignet sich außerdem hervorragend zum Marinieren und Verfeinern von Rohgemüse oder Salaten.

BALSAMICO-ROTWEIN-ESSENZ »BAROSSO«

Balsamico Essenza di Vino Rosso

150 g	Kristallzucker
¼ l	körperreicher Rotwein
¼ l	Aceto Balsamico di Modena von der Fattoria Estense

ZUBEREITUNG

Sicher haben Sie eine offene Flasche Rotwein herumstehen, von der Sie einen Viertelliter für diese intensiv schmeckende und auf breiter Ebene einsetzbare Essenz abzweigen können. Ich nehme gerne einen Refosco dal Peduncolo oder einen Terrano aus dem Friaul.
Der nach Herzkirschen und Rumpflaumen duftende Aceto Balsamico der Fattoria Estense eignet sich besonders gut für eine Reduktion, da er nur aus Traubenmost und Weinessig besteht.

Für die »Barosso« alle drei Zutaten bei mittlerer Hitze in einem Kupfertopf erwärmen und unter ständigem Rühren (es darf sich nichts am Topfboden festsetzen) circa eine halbe Stunde auf 125 ml einkochen, bis die Flüssigkeit eine sirupartige Konsistenz annimmt.
In ein Glas mit Schraubverschluss füllen und gut verschließen. Falls die »Barosso« im Laufe der Zeit fest werden sollte, kann man diese direkt im Glas im Wasserbad erwärmen, bis sie wieder flüssig ist.

Die fast unbegrenzt haltbare »Barosso« passt zu gebratenem Fleisch, zu gereiftem Käse, als Salatdressing, aber auch zu Schokokuchen oder tröpfchenweise zu Eiscreme und zaubert einen lang anhaltenden, einzigartigen Geschmack auf den Gaumen.

> *Den industriell hergestellten Balsamici wird meist noch zusätzlich Zucker beigefügt. Die von mir vorgeschlagene Einkochzeit kann sich dementsprechend verkürzen.*

RUCOLA-PIGNOLI-FLEUR DE SEL-PESTO »RUPIFLE«

125 g	gewaschener und trocken getupfter Rucola
20 g	sanft geröstete Pinienkerne (Pignoli)
1	Knoblauchzehe
½ TL	aromatisches, edelsüßes Paprikapulver
1 TL	Zitronensaft
2 TL	Fleur de Sel aus Piran
⅛ l	nicht zu körperreiches Olivenöl, z. B. aus der Gardasee-Region

ZUBEREITUNG

Alle Zutaten in der Küchenmaschine oder mit dem Pürierstab zu einem cremigen Pesto aufmixen, in ein gut verschließbares Glas umfüllen, das Pesto mit Olivenöl bedecken und dunkel lagern.

Der nussige Geschmack von Rucola gepaart mit einer erfrischenden Zitrusnote und den Röstaromen der Pinienkerne ergibt ein sommerliches Pesto, das neben Pastagerichten und Risotti auch in Butter gebratenen Doradenfilets den letzten Schliff verleiht, und kann mit Bresaola und Parmesanspänen als *Primi* den Auftakt zu einem feinen Menü bilden.

MEINE KULINARISCHE WIRKUNGSSTÄTTE AN BORD

MINZE-KORIANDER-CHUTNEY »MIKOCHU«

10 g	Minze
20 g	Koriander
12 g	Ingwer
½	Limette (Zeste und Saft)
3	Knoblauchzehen
1	rote Chili Rawit Red
2 TL	griechisches Joghurt
1 TL	Kristallzucker
½ TL	aromatisches, edelsüßes Paprikapulver
1 TL	Chat Masala (indische Gewürzmischung)
	grobes Meersalz

ZUBEREITUNG

Alle Zutaten mit der Küchenmaschine oder mit dem Pürierstab zu einer homogenen Paste verrühren und in ein Glas mit Schraubverschluss füllen.
Hält sich ungekühlt maximal eine Woche, gekühlt mehrere Wochen.

Dieses aus der indischen Küche stammenden Chutney verleiht jedem Gericht im Handumdrehen den gewünschten exotischen Touch. Das auf dem Gaumen explodierende Potpourri aus Kräutern, Zitrusaromen und exotischen Gewürzen eignet sich hervorragend als Pesto für Pasta, hebt jedes Räucherfischgericht mit ein paar Scheiben frischer Mango in neue Geschmacksdimensionen oder ergibt, mit etwas Olivenöl vermengt, ein fantastisches Allround-Salatdressing.

TOMATEN-VANILLE-COULIS »POVAN«

Pomodori alla Vaniglia

200 g	sonnengereifte Tomaten
½ Schote	Hawaii-Vanille
100 g	Kristallzucker

ZUBEREITUNG

Die Tomaten gut abwaschen und klein würfeln. Die halbe Vanilleschote der Länge nach aufschlitzen, auseinanderklappen und zusammen mit dem ausgekratzten Mark, den Tomaten und dem Kristallzucker für circa 20 Minuten auf mittlerer Flamme einkochen. Dabei regelmäßig umrühren, damit nichts auf dem Kochtopfboden haften bleibt. Die Masse vorsichtig durch ein Sieb streichen und in ein passendes Glas mit Schraubverschluss füllen.

Gepaart mit Frischkäse öffnen sich die fruchtig-exotischen Noten der »Povan« aufs Vorzüglichste. Mit gerösteten Aniskernen kann man einen zusätzlichen geschmacklichen Kontrapunkt zu jeder Käsevariation setzen. Desserts mit Ricotta oder Zitroneneiscreme lassen sich mit einem Löffelchen »Povan« wunderbar veredeln.

Dieses einfach zuzubereitende, aber umso verführerischer mundende Coulis wirkt ob seines konzentrierten Vanille-Anteils stimulierend auf Geist und Körper.
Das tiefgründige, intensiv-süßliche Aroma der Hawaii-Vanille ist besonders gut geeignet für diese Rezeptur.

GEWÜRZPASTE FÜR GEMÜSEBOUILLON »ZUVE« *Zuppa Verdure*

25 g	Puntarelle
25 g	Salbei
25 g	Liebstöckl
50 g	Zwiebel
50 g	Lauch
50 g	Petersilienwurzel
100 g	Karotten
100 g	Sellerieknolle
1	Tomate
2	Champignons
2	Knoblauchzehen
2	Lorbeerblätter
5	Wacholderkörner
200 ml	natives Olivenöl
1 TL	Zucker
5	Kampot-Pfefferkörner
80 g	Salz aus Piran
	ein Hauch Muskat

ZUBEREITUNG

Viele italienische Gerichte wie Risotto oder Minestrone werden mit Gemüsebrühe verfeinert oder zubereitet. Wer statt Suppenwürfel lieber sein eigenes Suppengewürz verwenden will, kann seine individuelle Brühe im Handumdrehen selbst herstellen:
Die Zutaten klein schneiden, mit dem Olivenöl vermengen und mit dem Pürierstab zerkleinern. Die Paste in ein gut verschließbares Glas füllen.

Achtung sehr salzig! Für einen Liter Brühe genügt ein Teelöffel des Suppengewürzes. Aufgrund des hohen Salz-anteils hält die »Zuve« mehrere Monate.

REZEPTE — 27

LIMONADE MIT INGWER »MILIPE« *Miele, Limone e Pepe*

Segeln kann in schweißtreibende Knochenarbeit ausarten, daher muss dem Körper entsprechend viel Flüssigkeit zugeführt werden. Dafür habe ich diese geschmacksintensive Limonade mit leicht scharfem Abgang kreiert. Im richtigen Verhältnis 1:6 mit (Soda)Wasser verdünnt dient sie trockenen Matrosenkehlen zu jeder Tages- und Nachtzeit als idealer Durstlöscher.

½ l	Wasser
150 g	Ingwer
	(geschält und in Streifen geschnitten)
180 g	Orangenblütenhonig
3	ausgepresste Zitronen (ca. 125 ml)
5	Körner Assam-Pfeffer

ZUBEREITUNG

Alle Zutaten auf mittlerer Flamme etwa 20 Minuten einkochen, durch ein Sieb streichen und in eine gut verschließbare Bügelflasche umfüllen. 5 ganze Assam-Pfeffer-Körner (nach Geschmack auch mehr) zugeben und gut verschließen.

**BILD NÄCHSTE SEITE:
PURER GENUSS FÜR DEN GAUMEN UND DAS AUGE VOR DER TRIESTINER BARCOLA MIT BLICK AUF DAS MÄRCHENSCHLOSS MIRAMARE**

MIT DEM SOUNDTRACK DES WELLENSCHLAGES UND DEM IM WARMEN SCIROCCO-WIND KNATTERNDEN SEGEL UNTERWEGS IN RICHTUNG STADT DER WINDE

GROOVE-PLAYLIST IN MEINER ITALO-CUCINA

»Sotto il segno dei Pesci« Antonello Venditti, 1978
»Senza fiato« Negramaro feat. Dolores O'Riordan, 2007
»Piccola stella senza Cielo« Ligabue, 1990
»Bella d'estate« Mango, 1986
»Una Notte Speciale« Alice, 1981
»Sambariò« Drupi, 1976
»Una canzone per te« Vasco Rossi, 1983
»Ancora tu« Lucio Battisti, 1976
»Tornerò« I santo California, 1975
»L'amore vuole amore« Michele Zarrillo, 1997
»Attenti al lupo« Lucio Dalla, 1990
»Prendila così« Luca Barbarossa & Mario Bondi, 2015
»Pazza idea« Patty Pravo, 1973
»Un'estate italiana« Gianna Nannini & Edoardo Bennato, 1990
»Su Di No« Pupo, 1980
»Triangolo« Renato Zero, 1978
»Maledetta primavera« Loretta Goggi, 1981
»Alla fiera dell'Est« Angelo Branduardi, 1976
»Io che non vivo« Pino Donaggio, 1965
»Due« Riccardo Cocciante, 1994
»Il tempo se ne va« Adriano Celentano, 1980
»Ti lascerò« Anna Oxa & Fausto Leali, 1989
»Se una regola c'è« Nek, 1999
»Figli delle stelle« Alan Sorrenti, 1977
»Cosa mi fai« Angelo Fabiani, 1992
»Che vuoi che sia« Pooh, 1995
»Nuovo« Gianmaria Testa, 2011
»Primavera in anticipo« Laura Pausini & James Blunt, 2008
»Non mi tradire« Paolo Vallesi, 1994
»L'Appuntamento« Ornella Vanoni, 1970
»Nuovo« Gianmaria Testa, Produzioni Fuorivia 2011

TAG 01 — LEINEN LOS!

WIR FAHREN ANS MEER

Bis unters Autodach vollgepackt mit all den wichtigen Dingen, die man für eine Seereise benötigt, reise ich gemeinsam mit Kapitän Wolfgang in Richtung San Giorgio di Nogaro, von wo wir uns noch heute Abend ausschiffen und in der Lagune von Marano bis morgen früh vor Anker liegen werden.

Bevor wir allerdings die Marina anvisieren, stoppen wir für eine verspätete Geburtstagshuldigung in Casarsa della Delizia, einer 8000-Seelen-Gemeinde, die von Gemüsefeldern umgeben zwischen Pordenone und den Westufern des Tagliamento liegt. Die Entfernung zum Meer beträgt exakt 43,5 Kilometer.

Trotz der relativ geringen Einwohnerzahl kann sich die Stadtchronik dreier berühmter Köpfe rühmen. Candido Jacuzzi (1903-1986) emigrierte in die Vereinigten Staaten und erfand dort, Sie ahnen es schon, das Jacuzzi-Whirlpool, das ursprünglich für medizinische Zwecke gedacht war. Der zweite prominente Spross des Örtchens ist der Filmemacher, Mundartdichter, Pasolini-Cousin und Pasolini-Biograf Nico Naldini (1929-2020). Wo wir auch bereits beim wohl berühmtesten Sohn Casarsas, Pier Paolo Pasolini (1922-1975), angelangt sind. Seinetwegen zieht es uns nach Casarsa.

Pier Paolo Pasolini: Seinetwegen zieht es uns nach Casarsa

Der Filmemacher, Dichter und Poet der Armen hat mit seinem literarischen und filmischen Schaffen bereits in jungen Jahren bleibende Eindrücke bei mir hinterlassen und begleitet mich noch immer durch mein Leben. Pasolini verbrachte in Casarsa einen Teil seiner Kindheit und Jugend und war einige Zeit sogar Dorflehrer, bevor ihm seine homosexuellen Amouren zum Verhängnis wurden und er in weiterer Folge seinen Heimatort verlassen musste.

Anlässlich seines 100. Geburtstages erleben die Werke Pasolinis weltweit wieder eine Renaissance und einige seiner kontroversen Statements, etwa »Konsum ist die moderne Form des Faschismus«, klingen für viele Italiener zeitgemäßer denn je.

BILD VORIGE SEITE: MORGENSTUND HINTER PORTOBUSO IN DER LAGUNA DI MARANO

Da sich die Wege des Dichters in den nächsten Tagen mehrmals mit den unseren kreuzen werden, beginnen wir unsere eigentliche Reise dort, wo sie für Pasolini 1975, nach seiner brutalen Ermordung in Ostia bei Rom geendet hat. Nämlich an seiner letzten Ruhestätte am Friedhof von Casarsa della Delizia, wo auch seine innig geliebte Mutter Susanna Colussi begraben ist. Wir verpassen seinen 100. Geburtstag leider um wenige Tage. Aber was sind schon ein paar Tage im Angesicht eines ganzen Jahrhunderts.

Morbide Tristesse empfängt uns auf der Fahrt durch die verlassenen Straßen Casarsas, wo wir spätnachmittags bei strahlendem Sonnenschein und frühsommerlichen Temperaturen eintreffen. Obwohl erst Anfang Mai, herrscht bereits brütend feuchte Hitze, die vom aufgeheizten Asphalt abstrahlt und die Luft zum Schwirren bringt, fast so, als würde der Ferragosto vor der Tür stehen.

Die wenigen Personen, denen wir auf dem Weg zum Cimitero, dem Friedhof, begegnen, schleichen von einer schattenspendenden Hausmauer zur nächsten, wo sie phlegmatisch verharren und genügend Kraft sammeln, bevor sie sich auf den kommenden Metern wieder der unbarmherzigen Sonne aussetzen. Selbst die örtliche Café-Bar ist bis auf einen Gast komplett verwaist.

Sowohl der gelangweilte Barista als auch der vor einem leeren Weinglas sitzende Gast sind in die Lektüre ihrer Tageszeitung vertieft. In den leer stehenden Geschäftslokalen, hinter schmutzigen Scheiben kleben Affittasi-Schilder: zu vermieten. Der Ortskern wirkt ausgestorben. An einer Bushaltestelle wartet eine verschleierte Frau mit kaffeebrauner Haut und wiegt sich zu einer Melodie, die nur sie hören kann, sanft in den Hüften. Die Zeit steht still in Casarsa della Delizia und wir bewegen uns durch diesen in Limbo befindlichen Teil Friauls, als ob wir unter Wasser gehen würden. Selbst die Konsistenz der feuchten Luft scheint zäh.

> »ICH BIN EINE MACHT AUS VERGANGENEN ZEITEN. NUR IN DER TRADITION LIEGT MEINE LIEBE.«
>
> PIER PAOLO PASOLINO, 1962

DIE FRIEDHOFSALLEE
DES CIMITERO ALS FINALE
ETAPPE UNSERER WALLFAHRT
ZUR LETZTEN RUHESTÄTTE
PIER PAOLO PASOLINIS

DER POET DER ARMEN

Der grobe Kies knirscht unter unseren Schritten, als wir uns durch die Pinien-Allee zum Eingangstor des verwaist vor uns liegenden Cimitero aufmachen. Der Geruch des nahenden Sommers liegt in der Luft, es riecht nach Schotter, Gras, und nur das Summen der Bienen durchbricht die Ruhe dieses Totenackers.

Stillschweigend trennen wir uns, den menschenleeren Friedhof jeweils von der anderen Seite aus erkundend. Wolfgang spürt intuitiv, dass ich an diesem magischen Ort ein paar Momente für mich allein benötige.

Das Grabmal Pasolinis liegt in unmittelbarer Nähe des Eingangs. Ich berühre den von der Sonne aufgeheizten quadratischen Grabstein. Das Grabmal ist mit bunten Blumen geschmückt, die einen süßen, schweren Duft verströmen. Bedruckte Stoffschleifen in den Farben der Tricolore umsäumen die Grabstelle Pasolinis und seiner Mutter, die für die Ewigkeit neben ihn gebettet wurde. Eine von einem Verehrer oder einer Verehrerin abgelegte Gabe und eine in Plastik eingeschweißte Seite aus seinem Gedichtband »La meglio gioventù« sind auf dem Stein drapiert. Die Glasscheibe des kleinen Devotionalien-Kästchens ist von innen mit Feuchtigkeit überzogen. Die Tröpfchen verwehren die Sicht auf den Inhalt. Ab und zu ist das leise Rascheln der Smaragdeidechsen zu hören, die reglos in den Mauerritzen und auf den Grabsteinen in der Sonne verharren und sich nur bewegen, wenn ich ihnen beim Fotografieren unbeabsichtigt zu nahekomme.

Ich rezitiere aus dem Gedächtnis eine Passage aus »Gramsci's Asche« und habe gleichzeitig die Bilder eines jungen und manchmal sogar glücklich wirkenden Pasolini vor meinem geistigen Auge. Nämlich jenem Pasolini, der Ende der 1950er Jahre mit einem Cinquecento quer durch Italien reiste, um die Stimmung eines sich in Verwandlung befindlichen Nachkriegsitaliens zwischen bitterer Armut und Dolce Vita in Bild und Ton festzuhalten.

TAG 01 — LEINEN LOS!

LANDGANG IN CASARSA DELLA DELIZIA

BIRRERIA, RISTORANTE, PIZZERIA DOLOMITI

Eine familienfreundliche Pizza- und Bier-Lokalität mit eigener Brauerei direkt an der SS13. Großer Parkplatz direkt vor dem Lokal. Ideal für Durchreisende, um unkompliziert den schnellen Hunger zu stillen. Hamburger di Manzo mit doppio Crunch und Tagliata di Pollo kommen vom Grill, der grüne Spargelsalat wird mit Spiegelei und Südtiroler Dobbiaco-Käse serviert und für den Reiseproviant wird Pedavena-Fassbier auf Wunsch vor Ort in Take-away-Bügelflaschen gefüllt.

A Viale Venezia 76
   33072 Casarsa della Delizia
T +39 320 617 27 43

RISTORANTE CAMPIELLO

Gutbürgerliches Fisch- und Meeresfrüchte-Ristorante, wo vom Mango-Garnelen-Tartar über die hausgemachten, mit Schwertfisch und Limone gefüllten Ravioli bis zum Branzino in der Salzkruste all die verboten gut schmeckenden Dinge auf der Karte zu finden sind, für die man gerne eine ausgedehnte kulinarische Pause einlegt.
TIPP: Gnocchi al Granchio mit feinem Krabbenragout

A Viale Venezia 48
   33072 Casarsa della Delizia
T +39 434 8706 96
W ristorante-campiello.eatbu.com

LANDGANG

IM ZENTRAL GELEGENEN KULTURTREFFPUNKT CASA COLUSSI ERFÄHRT MAN ALLES WISSENSWERTE ZUM THEMA PASOLINI

MIT DEM FAHRRAD AUF DER SUCHE NACH POETISCHER INSPIRATION

In der sogenannten Casa Colussi, benannt nach Pasolinis Mutter, Susanna Colussi, erlebte Pier Paolo von 1942 bis 1950 seine Kindheit und Jugend. Hier befindet sich seit 1976 das PPP – Pier Paolo Pasolini, Centro Studi Casarsa della Delizia, das sich um den Nachlass und gemeinsam mit Instituten aus Florenz und Bologna um die Erstellung eines einheitlichen Kataloges seiner Werke kümmert. Neben einer Bibliothek und einer Mediathek findet sich hier eine umfangreiche Sammlung von Manuskripten und Briefen aus Pasolinis friulanischer Zeit in der Casa Colussi, in der auch regelmäßig themenbezogene Ausstellungen und Lesungen stattfinden.

TIPP: Auf Anfrage werden Leihräder zur Verfügung gestellt, mit denen man sich auf die Spuren des Dichters begeben kann. Die Wege zu den Orten, die Pasolinis Kindheit und Jugend prägten und ihm Inspiration für sein literarisches Schaffen waren, führen entlang der Felder und Bahnschienen bis zu dem nicht regulierten Flussbett des Tagliamento östlich von Casarsa della Delizia. Über die Gemeinden Valvasone, San Vito al Tagliamento, Sacile (auch Kleinvenedig oder Garten Venedigs genannt), gelangt man nach Sesto al Reghena und Cordovado und in weiterer Folge bis zur Lagune von Grado, wo Pasolini 1969 mir Maria Callas einige Szenen für den Film »Medea« drehte.

A Via Guido Alberto Pasolini 4
    33072 Casarsa della Delizia
T +39 434 870 593
W centrostudipierpaolopasolinicasarsa.it

TAG 01 — LEINEN LOS!

RENDEZVOUS MIT LUIGI

Nach einem ausgedehnten Rundgang durch die Grabreihen und entlang der sich in einem Stadium des fortgeschrittenen Verfalls befindlichen Großbürgergruften an der Friedhofsmauer machen wir uns auf den Weg nach San Giorgio di Nogaro. Unterwegs erstehe ich an einem Straßenstand frisch geernteten grünen Spargel, dessen violette Enden vor Frische quietschen, wenn ich sie aneinander reibe. Die Verkäuferin schwatzt mir eine aus der ersten heurigen Ernte stammende, sonnengereifte Zuckermelone aus Mantua auf, deren süßlich-intensiver Duft binnen weniger Augenblicke durch das Wageninnere zieht.

Die nächsten Kilometer, die uns quer durch das von Landwirtschaft geprägte Umland führen, lausche ich in mich hinein, atme den Duft der saftig grünen Felder und schiebe meine Pasolini-Gedanken weit von mir. Schön langsam macht sich die Vorfreude auf Boot, Meer, Wind und Wellen bemerkbar.

Noch ein letzter Stopp in einem dystopisch leeren Einkaufszentrum, in dem sich einzig eine riesige Supermarktfiliale befindet, alle anderen Geschäftslokale haben für immer die Rollbalken heruntergelassen. Hier kaufen wir die noch fehlenden Basics für die Bordkombüse ein. Ich bin überrascht vom reichhaltigen Sortiment und den hier vertretenen lokalen Produzenten, die sowohl in der Salumi- und Käsetheke als auch im Weinregal zu finden sind. Obwohl nicht auf meiner Einkaufsliste, gesellen sich noch ein in alpiner Luft gereifter Prosciutto aus der auf über 1200 Metern Seehöhe gelegenen friulanischen Ortschaft Sauris, ein birnenförmiger Räucherscamorza aus dem südlichen Kampanien, halbweicher Ziegenkäse aus dem nahen Karst und eine Flasche Vespaiola-Weißwein vom Weingut Maculan aus der Provinz Vicenza in den Einkaufswagen.

Binnen weniger Minuten haben wir unser Ziel erreicht. Ich kann zwar das nahe Meer noch nicht sehen, aber bereits riechen. Die Marina, in der unser Boot vor Anker liegt, befindet sich am Ufer des Flusses Corno, der durch San Giorgio di Nogaro und die südliche Industriezone fließt, um schließlich unweit von Marano in die Lagune einzumünden.

MITHILFE DES AUTOPILOTEN FREIHÄNDIG IN RICHTUNG SONNENSCHEIN

Und dann ist es endlich so weit. Ich sehe unsere Luigi zum ersten Mal und verliebe mich gleich auf den ersten Blick. Alle meine Erwartungen sind bereits nach dem ersten Rundgang übertroffen, und ich werde belehrt, dass in der alt-österreichischen Marinetradition Schiffe ausnahmslos das Geschlecht ihres Namenspatrons übernehmen. Somit ist unsere Luigi eigentlich unser Luigi, ein Herr in den besten Jahren, der seit fast 25 Jahren durch die Wellen des Mittelmeeres pflügt, mit einer stattlichen Länge von 14,35 Metern, 1,95 Meter Tiefgang und einem 19,8 Meter hohen Mast. Bis zu elf Personen haben auf Luigi Platz. Benannt wurde Luigi nach dem habsburgischen Inselforscher und Segler Erzherzog Ludwig Salvator.

Wolfgang bezieht seine Steuerbord-Kabine im vorderen Teil des Schiffes, während ich die Backbord-Kabine im Heck zugewiesen bekomme. Durch eine in der Decke eingelassene Luke habe ich von meiner Koje aus einen unverbauten Ausblick auf den Himmel. Nur ein paar Zentimeter Bootsplanken trennen mein kleines Reich von Wind und Wellen und ich fühle mich auf Anhieb pudelwohl.

TAG 01 — LEINEN LOS!

Während Wolfgang klar Schiff macht, richte ich mich in meiner schwimmenden Heimat für die kommenden Tage ein, breite mich mit meinen Büchern und Notizheften aus und inspiziere die Kombüse. Übermütig lasse ich den frei schwingenden Herd hin- und herschaukeln, mache mich mit den Eigenheiten dieser maritimen Kochstätte vertraut, staune über das Platzwunder (die Kochtöpfe finde ich unter der Sitzbank des Kartentisches) und verstaue anschließend unsere Vorräte seefest in den diversen Kästchen und Netzen, die an der Decke angebracht sind.

Zu Luigi Boccherinis Flötenkonzert in D-Dur bereite ich ein Risotto Casarsa e Capra (siehe Rezept Seite 46) mit den heute erstandenen Ingredienzen zu. Lange nach Sonnenuntergang essen wir in Ruhe an Deck zu Abend, bevor Wolfgang den Motor anwirft und wir über den in die Lagune einmündenden Fluss Corno in das nachtschwarze Meer vor Marano hinaustuckern. Nach kurzer Fahrt gehen gegen wir geschützt von den Wellen der Adria hinter der Isola Bocca d'Anfora vor Anker.

Bei einem Gläschen Vespaiola, ich bin noch viel zu aufgedreht von den Eindrücken, die heute auf mich eingeprasselt sind, sitze ich noch einige Zeit an Deck und lausche in die Finsternis. Ab und zu schält sich das Tuckern ausfahrender Fischerboote heraus, deren Wellenschlag unser Schiff ganz leicht zum Schaukeln bringt. Am Horizont blinken zu unserer Linken die Lichter von Grado, während auf der gegenüberliegenden Seite die Skyline des vorsaisonalen Lignano auszumachen ist. Beide Orte werden wir im Lauf unserer Reise besuchen.

> *Über das Wann entscheiden allein Wind, Seegang und Gezeiten.*

Zurück in meiner Koje lese ich, auf dem Rücken liegend, Pasolinis »Kleines Meerstück«, eines seiner späteren Werke über (s)eine Kindheit in den Gässchen der Stadt Sacile. Abwechselnd blicke ich auf die gedruckten Seiten oder fasziniert in den über mir funkelnden Sternenhimmel, von dem ich einen kleinen Ausschnitt durch die geöffnete Luke sehe. Aus dem Kopfhörer dringen die sanften Klänge von Bachs Cellosuite No. 3 in C-Dur. Von den Gezeiten sanft in den Schlaf geschaukelt, dauert es nicht lange, bis ich auf der anderen Seite, im Land der sanften Träume, angelangt bin.

SOUND OF SILENCE

Ich bewundere Menschen, die sich in ihre Bettstatt begeben und sofort in die Arme der Schlafgötter sinken. Mir ist diese Gabe seit Kindheitstagen leider nicht gegeben, Gedanken, Gefühle, Emotionen und Vorfreude auf Kommendes entfachen gerade am Ende eines Tages ein Gedankengewitter in meinem Kopf, das nicht gerade förderlich für raschen Schlummer ist. Daher wandere ich gern mit passender perkussiv-reduzierter Musik oder in Begleitung eines Hörspiels in Richtung Land der Träume.

BEST OF LULLABY

»Zeit« Tangerine Dream, 1972
»Farscape« Klaus Schulze feat. Lisa Gerrard, 2008
»Valtari« Sigur Rós, 2012
»Perfume Soundtrack« Sir Simon Rattle, 2006
»Sunset Mission« Bohren & der Club of Gore, 2016

HÖRBÜCHER ZUM SCHLAFENGEHEN

»Vom Gehen im Eis« Werner Herzog, 1974
»Das Foucaultsche Pendel«
Umberto Eco, 1988
»Der Seewolf« Jack London, 1971
»Der Doppelmord in der Rue Morgue (Wir waren in die Nacht um ihrer selbst willen verliebt!)« Edgar Allan Poe, 1941
»Get in the Van« Henry Rollins, 1994

TAG 01 — LEINEN LOS!

DIE LETZTEN METER IN DER LAGUNA DI MARANO, BEVOR WIR ZUM ERSTEN MAL DAS OFFENE MEER ERREICHEN

LANDGANG IN SAN GIORGIO DI NOGARO

PIZZERIA DA ALFONSO DAL 1968

Bei dem großen Angebot an Holzofenpizzen kann der Gast den Grundteig aus drei verschiedenen Mehlsorten wählen. Der Napoli-Burger kommt mit aus Pizzateig fabrizierten Buns an den Tisch und das eisgekühlte Bier stammt aus der lokalen Castello-Brauerei. Moderate Preise, viele Stammgäste und zuvorkommendes Service.

A Via Roma 73
  33058 San Giorgio di Nogaro
T +39 043 163 375
W pizzeriadaalfonso.com

TRATTORIA DA BALAN

In der 1972 eröffneten institutionellen Trattoria Da Balan kooperiert man bereits in dritter Generation in Sachen Fisch, Brot und Gemüse ausnahmslos mit lokalen Lieferanten. Gehobene Küche mit originellen Einsprengseln, gemütlicher Wintergarten, familiäre Atmosphäre und kinderfreundliches Personal. Absoluter Tipp für Meeresfrüchte-Liebhaber, die auch gerne den passenden Wein zu den fangfrischen Lagunen-Köstlichkeiten genießen.

A Via Ippolito Nievo 1
  33058 San Giorgio do Nogaro
T +39 043 162 00 65
W dabalan.it

TAG 01 — LEINEN LOS!

RISOTTO »CASARSA E CAPRA«

Seit der Renaissance wird in der norditalienischen Poebene Reis kultiviert. Risotto findet sich daher auf fast jeder italienischen Speisekarte vom Norden bis in den Süden. Risotto wird oft als Primi gereicht oder als Beilage zu Fisch- oder Fleischgerichten serviert. Risotto mundet in der Urversion, nur mit Parmesan und etwas Butter angereicht, kann aber auch mit den verschiedensten saisonalen Gemüsen, Meeresfrüchten, mit Fleisch oder Innereien ergänzt (z. B. Wirbelfleisch- oder Hühnerleber-Risotto aus Venedig) und als exzeptioneller Hauptgang serviert werden. Wichtig sind nur die Verwendung von hochqualitativem Mittelkornreis und das beständige Rühren während der Zubereitung. Somit ein Gericht, das zwar keine großartigen Kochkünste benötigt, aber Aufmerksamkeit während der Zubereitung fordert.

250 g	grüner Spargel aus Casarsa della Delizia, gewaschen und geschält (Spargelköpfe beiseitelegen)
250 g	Vialone Nano Risottoreis von der Riseria Campanini aus Mantua
1	kleine Zwiebel oder Schalotte
1–1,5 l	Wasser (je nach Gardauer des verwendeten Reises)
1 EL	natives Olivenöl aus dem Karst von der Azienda Agricola Parovel aus San Dorligo della Valle
1 Glas	Vespaiolo-Weißwein vom Weingut Maculan
50 g	halbfester Ziegenkäse »Zuve« (Seite 26), grobes Meersalz aus Piran, frisch gemahlener Cubeben-Stielpfeffer*

*Ich bin ein Pfeffer-Nerd und spiele gerne mit den Aromen der verschiedenen Pfefferarten (wie Kampot-, Tellicherry- oder Szechuan-Pfeffer). Für den universellen Einsatz eignet sich der aus Indonesien stammende bitterscharfe Cubeben-Stielpfeffer, den ich gerne bei exotischen Gewürzmischungen und zum Verfeinern von Fisch- und Gemüsegerichten verwende.

REZEPT

ZUBEREITUNG

Das Wasser zum Kochen bringen, die »Zuve«-Paste einrühren und für einige Minuten aufkochen lassen, bis eine Gemüsebrühe entsteht. Die »Zuve« hat zwar genügend geschmackliches Eigenleben für das Risotto, Perfektionisten können aber die in circa 3 Zentimeter lange Stücke geschnittenen Spargelabschnitte mitsimmern lassen und die aromatisierte Gemüsebrühe anschließend durch ein Sieb gießen. Den Topf mit der heißen Brühe von der Herdplatte entfernen und abdecken, damit die Brühe nicht auskühlt.

Die kleingehackte Zwiebel in heißem Olivenöl kurz anschwitzen, den gut gewaschenen Reis hinzufügen und bei großer Hitze unter ständigem Rühren glasig werden lassen. Anschließend mit einem Schöpflöffel Brühe angießen und so lange rühren, bis der Reis die Flüssigkeit aufgesaugt hat. Es darf sich am Topfboden nichts ansetzen. Diesen Vorgang in den nächsten 6 Minuten wiederholen und dann erst die Spargelstücke untermengen. Im letzten Drittel der Garzeit (Garzeit beim Reis meiner Wahl circa 20 Minuten) nach Geschmack salzen. Achtung: Bitte an den hohen Salzgehalt des Ziegenkäses denken!

Nun Weißwein und Spargelköpfe zugeben und unter behutsamem Rühren – die zarten Spargelköpfe sollten ganz bleiben – mit der restlichen Brühe aufgießen, bis der Reis die gewünschte Konsistenz hat und das Risotto eine cremige all'onda-Welle im Topf zieht.

Die Hälfte des grob geriebenen Ziegenkäses in das fertige Risotto einrühren und kurz nachziehen lassen. Den restlichen Käse in einer Schale zum Risotto reichen und das Gericht mit Cubeben-Stielpfeffer* aus der Pfeffermühle und etwas Olivenöl verfeinern. Dazu serviere ich Ciabatta.

Als passende Weinbegleitung empfiehlt sich der gerade erstandene Vespaiola-Wein oder ein eiskaltes Castello-Bier direkt aus der Flasche von der benachbarten Birrificio San Giorgio. Letzteres ist in fast jedem Supermarkt Norditaliens erhältlich.

Falls noch Risotto übrig ist, forme ich am nächsten Tag daraus circa 3 Zentimeter große Bälle und presse eventuelle Restflüssigkeit so gut wie möglich heraus. Die Bällchen in Mehl, Eier und Ciabatta-Brösel gewendet und in gut 1 Zentimeter hohem Öl in der Pfanne rundherum braun angebraten eignen sich ideal als warme Zwischenmahlzeit, schmecken aber auch kalt fantastisch, falls sich beim Landgang in unbewohnten Gegenden Hungergefühl breitmachen sollte.

TAG 02

Callas, Casoni und Einhorn-Eis
VON MARANO BIS TRIEST

TAG 02 — CALLAS, CASONI UND EINHORN-EIS

MEIN ERSTER MORGEN AN BORD

Knapp vor fünf Uhr werde ich munter und schleiche mich leise an Deck, um auf die Ankunft der Sonne zu warten. Die Stille in der morgendlichen Lagune ist für einige Momente ohrenbetäubend und ich höre nur das Blut in meinen Ohren rauschen. Es ist absolut windstill und schon angenehm warm, sodass ich meine Füße von der Heckklappe ins Wasser baumeln lasse und den Blick in die noch tintenschwarze Morgenluft richte.

Die Positionslampe eines einfahrenden Fischerbootes schwebt an der nahen Fahrrinne vorbei. Der Wellenschlag klatscht sanft gegen den Luigi. Gedämpfte Männerstimmen schweben vom Fischerboot her über das fast spiegelglatte Wasser. Mit den ersten Sonnenstrahlen scheint auch die Vogelpopulation der Lagune aus den Federn zu kommen.

Die paradiesische Atmosphäre und der malerische Sonnenaufgang hinter dem Wellenbrecher, wo wir vor Anker liegen, nimmt mich gefangen. Fast in Greifweite liegen die berühmten Casoni, traditionelle Fischerhütten, auf denen noch bis in die 1960er Jahre an die hundert Menschen das ganz Jahr über ohne Strom oder fließendes Wasser lebten. Die Casoneri lebten vom Fischfang und von der Jagd auf Wildenten, Rehe und Wildschweine. Letztere können übrigens hervorragend Schwimmen, wie ich in den Ausläufern der Lagune von Venedig bereits mit eigenen Augen feststellen konnte.

Langsam schält sich das Inselrestaurant Ai Ciodi (Seite 53) aus den nächtlichen Schatten, ein einstiger Geheimtipp der Gradeser Bootsbesitzer, wo in den Sommermonaten fangfrischer Lagunenfisch unter freiem Himmel aufgetischt wird.

> »ICH HIELT DIE ERDE FÜR DIE MITTE DER WELT UND DIE POESIE FÜR DIE MITTE DER ERDE.«
>
> PIER PAOLO PASOLINO, 1962

— VON MARANO BIS TRIEST ——————————————————————— 51

Auch in der Lagune von Marano hat Pasolini seine Spuren hinterlassen. Nicht weit von unserem Ankerplatz entfernt befindet sich die Insel Mota Safon mit ihren schilfgedeckten Casoni, wo 1969 einige Schlüsselszenen für sein cineastisches »Medea«-Epos mit Maria Callas in der Hauptrolle abgedreht wurden.

WIR STECHEN IN SEE

Bei einem gemeinsamen Frühstück an Deck erörtern wir unsere heutige Tagesetappe, die natürlich vom Wind und vom Wellenspiel abhängig ist. Die Wettergötter scheinen es sehr gut mit uns zu meinen: Es ist keine einzige Wolke am Himmel zu sehen.

Wir lassen das nahe Grado vorerst links liegen und nutzen die leichte Südbrise, die uns in Richtung der istrischen Adriaküste nach Muggia tragen wird. Dort, wo Pasolini in seinem Buch »Die lange Straße aus Sand« am Ende seiner Reise entlang des italienischen Stiefels bekundet: »Hier endet Italien, endet der Sommer.« Nachdem wir den Anker gelichtet haben, schippern wir aus der Lagune in Richtung offenes Meer und machen uns auf den Weg in den azurblauen Golf von Triest. Als Gute-Laune-Verstärker gesellen sich zum Tuckern des Schiffsmotors handverlesene musikalische Sonnenaufgangs-Monolithen, die für die Ewigkeit komponiert wurden.

BILD VORIGE SEITE: PANORAMABLICK AUF TRIEST INKLUSIVE QUALLENTEPPICH MIT DEM WARTENDEN LUIGI VOR DER ANLEGESTELLE IN MUGGIA

TAG 02 — CALLAS, CASONI UND EINHORN-EIS

**UNSER MOTTO:
»DO WHAT YOU LOVE & LOVE WHAT YOU DO«**

SUNRISE SOUNDS

»Vide cor meum (Hannibal Soundtrack)« Hans Zimmer, 2001
»La Wally (Diva Soundtrack)« Alfredo Catalani, gesungen von Wilhelmenia Wiggins Fernandez, 1981
»The thieving Magpie (Clockwork Orange Soundtrack)« Gioacchino Rossi, 1971
»Adagio Spartacus und Phrygia, Exzerp, (The Onedin Line Soundtrack)« Aram Khachaturian, 1972
»Going Home, Liveversion (Local Hero Soundtrack)« Dire Straits, 1986
»Kurs auf Uma (Der Seewolf Soundtrack)« Hans Posegga, 2001

LANDGANG IN DER LAGUNE

PASOLINI-MUSEUM

Bei geführten Lagunenbootstouren zum Pasolini-Museum auf der Insel Mota Safon bekommt man im Rahmen einer charmanten Zeitreise Einblick in die Dreharbeiten von »Medea« und erfährt u. a., in welchem Gradeser Hotel Pasolini mit Maria Callas während der Dreharbeiten verweilte. Details unter:

W grado.it/de/eventi/visita-al-casone-a-mota-safon

PASOLINI FÜR EINSTEIGER

»Der Traum von einer Sache« 1968: friulanische Lebensgeschichte dreier junger Burschen
»Gramsci's Asche« 1957: Pasolinis wichtigstes lyrisches Werk
»Die lange Straße aus Sand« 1959: reich bebilderte Reisereportage entlang des italienischen Stiefels
Nico Naldini: »In den Feldern Friauls. Die Jugend Pasolinis« 1987

TRATTORIA AI CIODI

Die seit dreißig Jahren in Familienbesitz befindliche urige Trattoria ist von April bis Oktober geöffnet und liegt auf der Isola Anfora, die nur auf dem Wasserweg zu erreichen ist und somit zum erklärten Lieblingsziel vieler heimischer Bootsbesitzer zählt. Die deftig-schnörkellose Lagunenküche mit tagesfangabhängigen Gradeser Fischspezialitäten wird unkompliziert an langen Tafeln unter freiem Himmel serviert. Der Ausblick über die Lagune ist schlicht traumhaft. Nichtkapitäne haben die Möglichkeit, von Grado aus mit dem Taxiboot überzusetzen.

A 34073 Grado
T +39 335 752 22 09
W portobusoaiciodi.it

TAG 02 — CALLAS, CASONI UND EINHORN-EIS

FÜR EIN PAAR MINUTEN KING OF THE SEA

Während wir die Skyline Grados passieren, in deren Fassaden sich die Morgensonne glitzernd spiegelt, setzt Wolfgang das Segel. Gleichzeitig erhalte ich einen Crashkurs über Sicherheit und die wichtigsten Abläufe an Bord eines Segelschiffes. Unter Wolfgangs Aufsicht darf ich zu meiner Freude auch das erste Mal ans Steuerrad, um ein Gefühl für den Luigi zu bekommen. Sobald der Motor ausgeschaltet ist, beginnt der Bootspropeller im Leerlauf unter unseren Füßen zu singen und gleichzeitig stellt sich ein in Worten nur schwer zu beschreibendes glücksinduzierendes Gefühl ein, das sich vom bandanaverhüllten Scheitel bis zu den unbeschuhten Zehenspitzen ausbreitet. Ab jetzt dirigieren einzig der Schlag der Wellen und die Luftströmung unser Tempo und der Zeit scheint plötzlich eine völlig neue Bedeutung zuzukommen.

Die Ankunftszeit unseres nächsten Etappenziels wird allein von der Drift des Meeres und von der Richtung des Windes bestimmt. Fixe Ankunftszeiten sind ab jetzt passé, Slow Travel at its best.

Vor Grado Pineta überzieht ein gigantischer Schlierenteppich, der sich aus dem Blütenstaub des nahen Pinienwäldchens Pineta speist, die Wasseroberfläche. Mit dem salzigen Aroma der Adria in der Nase pfeife ich zu Mark Knopflers Gitarre das Thema von Local Hero.

Mein Blick wuselt stetig zwischen dem Kompass, der jeden Fehler sofort unverzeihlich anzeigt, dem in der Brise knatternden Segel, das bei Kursabfall sofort in sich zusammenfällt, und dem Tiefenmesser, dem

Wir reisen mit dem Wind!

gerade vor der Einmündung des Isonzo und seinem mitgeführten Schwemmmaterial besonderes Augenmerk zukommen muss, hin und her. Wolfgang gibt mir dezente Direktiven und lässt mir trotzdem das Gefühl, bei meiner Jungfernfahrt König des Meeres zu sein. Ich fühle mich wie neugeboren.

Bereits kurz nach Grado fällt das Segel wieder in sich zusammen und es herrscht plötzlich Flaute im Reich der unberechen-

DIE SKYLINE VON GRADO, UNSEREM NÄCHSTEN ZIELHAFEN

baren Bora. Die noch vor wenigen Augenblicken mit Schaumhäubchen verzierten, gekräuselten Wellen flachen ab und wir starten bei acht Metern Meerestiefe und einem ganzen Knoten Windgeschwindigkeit wieder den Motor.

Eine weitere Lektion gelernt: Die nördliche Adria foppt das segelnde Volk entweder mit zu viel Wind, sprich Sturm, oder mit null Luftströmung, also absoluter Flaute. Ein sanftes Dazwischen ist eher die Ausnahme.

Und so schippern wir begleitet von luftspringenden, in der Sonne silbrig reflektierenden Fischen und den stetig mehr werdenden, wunderschön anzusehenden Lungenquallen über den blitzblauen Golf von Triest. Unser Kurs führt vorbei an endlos langen, überbreiten Tankschiffen, die hier in ihrer ganzen Mächtigkeit weit draußen vor Anker liegend auf ihren Löschauftrag warten. Ihre flüssige Ladung landet in dem überdimensionalen Ölspeicher zwischen San Dorligo della Valle und Bagnoli della Rosandra, bevor sich die schwimmenden Giganten wieder auf ihren Nachhauseweg quer über das Mittelmeer machen.

TAG 02 — CALLAS, CASONI UND EINHORN-EIS

Je näher wir unserem Etappenziel Muggia kommen, desto zahlreicher werden die Lungenquallen, die unser Schiff schließlich wie ein Teppich zu Zigtausenden umgeben. Das diesjährige Ausmaß versetzt selbst meinen erfahrenen Kapitän in Erstaunen.

Unser Schiff wird verlässlich vom Autopiloten auf Kurs gehalten, und so habe ich ausreichend Zeit, mich in meinen mitgebrachten Sternenatlas zu vertiefen, während die gerade im Zenit stehende Sonne die Wasseroberfläche zum Glitzern bringt.

IN DEN PITTORESKEN STEILEN GÄSSCHEN VON MUGGIA DUFTET ES
NACH DEFTIGEM PRANZO UND WÜRZIGEN GARTENKRÄUTERN

HIGH NOON IN MUGGIA

Beim Anlandemanöver vor der Molo Esterno, an der sich auch die Haltestelle des Linienboots Triest-Muggia befindet, darf ich zum ersten Mal mein Geschick als Matrose unter Beweis stellen, indem ich vom Boot auf den Anleger springe und die Taue durch die eingelassenen Metallringe ziehe. Während Wolfgang mit dem Schiff an der Mole wartet, habe ich die nächsten zwei Stunden ganz für mich, um mich durch die Gassen und Gässchen dieses liebreizenden Außenpostens zwischen Triest und slowenischer Grenze treiben zu lassen.

Abseits der zentral gelegenen Piazza Guglielmo Marconi, benannt nach dem mit dem Nobelpreis ausgezeichneten Pionier der drahtlosen Übertragung, der nur knapp an der Titanic-Katastrophe vorbeischrammte, hält ganz Muggia scheinbar gerade Siesta.

Mein Weg durch das pittoreske Fischerdorf führt mich über eine steile Steintreppe hinauf zum Castello di Muggia, von wo aus ich den umfassenden Ausblick über den Golf von Triest wirken lasse. Das bis vor wenigen Jahrzehnten noch halb verfallene Castello befindet sich in Privatbesitz. Erst seine derzeitigen Eigentümer, der in Muggia geborene, international tätige Bildhauer Villi Bossi und seine Frau Gabriella, verhalfen ihm wieder zu altem Glanz. Nach ausgiebiger Interaktion mit dem örtlichen, in allen Tonlagen schnurrenden Katzenvolk flaniere ich treppauf, treppab durch die steilen Gassen. Es ist keine Seele zu sehen und ich habe Muggia im Siesta-Modus für mich allein. Aber aus den Küchenfenstern duftet es verführerisch nach diversen Mittagsmenüs.

Von wegen hier endet der Sommer, endet Italien!

Von wegen hier endet der Sommer, endet Italien! In der Café-Bar gönne ich mir einen Capo in Bi – ein im Glas servierter Mini-Cappuccino nach Triestiner Art – flankiert vom obligatorischen ofenwarmen Marillen-Brioche.

Die nette Barista schwärmt von meiner Heimatstadt, als sie erfährt, dass ich aus Sissihausen komme. Der zweite Capo geht aufs Haus, während ich ihren verklärten Ausführungen über Fiakerfahrten, Sachertorte und Praterbesuche lausche. Zwei Brioche,

TAG 02 — CALLAS, CASONI UND EINHORN-EIS

eines für Kapitän Wolfgang und ein weiteres für den Smutje, Kombüsenchef Wolfgang, wandern in meine Einkaufstasche.

Bei der Gemüsehändlerin Gloria und ihrem fast tauben Gehilfen erstehe ich noch wilden Spargel aus dem nahen istrischen Karst und Hopfenstangen aus dem noch näheren italienischen Karst. Für den von Wolfgang gewünschten Tofu hat die Verkäuferin nur ein mildes Lächeln übrig. Auf meine Frage, wo ich in Muggia Sojakäse erwerben könnte, schüttelt sie nur stumm den Kopf.

HIGH NOON IN DER ISTRISCH GEPRÄGTEN HAFENSTADT MUGGIA

GELATO ALL'UNICORNO UND SCHÜSSE AUF DER LARGO NAZARIO

Nach einem kurzen Abstecher in die ehrwürdige Gelateria Jimmy Muggia mache ich mich mit einer Tüte Einhorn-Eis bewaffnet retour in Richtung Molo. Auf der Largo Nazario Sauro fährt ein schwarzer BMW mit verdunkelten Scheiben an mir vorbei, als plötzlich zwei Schüsse knallen.

Da wir ja in interessanten Zeiten leben, ziehen alle Personen in meinem Sichtfeld instinktiv die Köpfe ein, gehen hinter geparkten Autos in Deckung, manche haben sich sogar zu Boden geworfen. Ich gehe mit meiner Eistüte hinter einem Baumstamm in Deckung und beobachte den Fahrer des getunten Sportwagens, der aus seinem Boliden springt und die Hände mit einem »Mamma mia« über dem Kopf zusammenschlägt.

Der junge Mann ist mit seinen auf Hochglanz polierten Niederquerschnittsreifen der in diesem Bereich nur ein paar Zentimeter hohen Bordsteinkante eine Spur zu nahegekommen und hat sich auf der rechten Seite beide Reifen aufgeschnitten. Die Folge war der explosionsartige Doppelknall. Erleichtert setze ich meinen Weg fort, die Schimpfkanonade der erschreckten Passanten, adressiert an den verhinderten Rennfahrer, lehrt mich zumindest ein paar neue Triestiner Kraftausdrücke, während ich mit leicht zittriger Hand an meinem Einhorn-Eis lecke.

Als ich schließlich mit meinen Einkäufen an die Molo zurückkehre, ist der Luigi fort und an seiner Stelle legt gerade das mit mehreren Schulklassen besetzte Linienboot nach Triest ab. Unser Boot, von dem mir Wolfgang beruhigend zuwinkt, wartet währenddessen in sicherer Entfernung, bis wieder die Möglichkeit zum Anlegen besteht. Nach Freiwerden der Mole steuert er das Schiff elegant an die Kante des Kais heran und ich springe, quasi im Vorbeifahren, auf das Deck und schwupps, schon sind wir wieder unterwegs und nehmen Kurs auf Triest.

TAG 02 — CALLAS, CASONI UND EINHORN-EIS

LANDGANG IN MUGGIA

MUSEO D'ARTE MODERNA UGO CARÀ

In Muggias Museum der modernen Künste, einem architektonisch recht eigenwilligen Bau aus Holz und rostigem Metall, wird in regelmäßig wechselnden Ausstellungen zeitgenössischen Künstlern und Künstlerinnen aus Triest, Muggia und Piran gehuldigt. Das Museum ist leider nur von 18 bis 20 Uhr geöffnet, dafür ist der Eintritt frei.

A Via Roma 9
   34015 Muggia
T +39 040 927 86 32
W benvenutiamuggia.eu

GELATERIA JIMMY MUGGIA

Ein Besuch in Muggia, ohne in der Gelateria Jimmy vorbeizuschauen, geht gar nicht. Ein generationsübergreifender sozialer Meeting Point ohne Altersbeschränkung, mit einem stets quietschfidelen, gut aufeinander eingespielten Team, wo die Muggianer hausgemachte Crostata mit Creme Chantilly, Salzkaramell-Eclairs, mit Pistaziencreme gefüllte Cookies, fantasievoll gestaltete oder kunterbunte (Eis-)Torten, die noch fantastischer schmecken, als sie aussehen, verabreicht bekommen. Gelateria der absoluten Spitzenklasse. Wer das Einhorn-Eis nicht probiert hat, kennt Muggia nicht.

A Largo Amulia 5
   34015 Muggia
T +39 348 760 00 16
W gelateria-jimmy-muggia.business.site

AM FUSSE DES CASTELLOS GENIESST MAN UNGESTÖRT DEN AUSBLICK ÜBER DEN GOLF VON TRIEST

OSTERIA SAL DE MAR

Roberta und Marco empfangen ihre Gäste in einer venezianischen Befestigungsanlage mit Meerblick, in der früher aus den Salinen gewonnenes Salz gelagert wurde. Das Sal de Mar liegt direkt am Hafen, punktet vor allem in den Sommermonaten mit seinem lauschigen Gastgarten und zählt sowieso und überhaupt zu den besten Adressen Muggias. Originell zubereitete Speisen, wie zum Beispiel neapolitanische Gragnano-Spaghetti mit Jakobsmuscheln und schwarzer Knoblauchcreme, oder Tintenfischsalat mit Brokkoli-Bavarese und Blumenkohlcreme, spielen gekonnt mit den Aromen von Land und Wasser und locken ihre Stammgäste aus nah und fern. Verführerische Dolci wie das Capo in B-Mousse mit weißem Schokoschaum oder das Prosecco-Zabaglione mit Erdbeeren sorgen für einen würdigen Abschluss.

A Largo Nazario Sauro 10
   34015 Muggia
T +39 040 927 89 08
W saldemar.it

TAG 02 ──────────────────────── CALLAS, CASONI UND EINHORN-EIS ──────

AUF DER DACHTERRASSE ODER IM GASTGARTEN DER TRATTORIA RISORTA
DIREKT AM HAFEN GIBT ES MUGGIA-FLAIR PUR

TRATTORIA RISORTA

Traumhaft zubereitete Fisch- und Meeresfrüchtegerichte mit kitschig-schönem Hafenblick von der Dachterrasse. Saisonal wird hier auch die Trüffel gehobelt. Spieß von der Jakobsmuschel mit gefüllten Zucchiniblüten oder der perfekt gegarte Oktopus sorgen für wohliges Schnurren am Genießergaumen. Tolle Weinauswahl mit edlen Tropfen bekannter Karstwinzer.

A Riva Edmondo de Amicis 1A
   34015 Muggia
T +39 040 27 12 19
W trattoria-risorta.eatbu.com

TRATTORIA AL CASTELLO

Nur wenige Gehminuten vom Zentrum entfernte, urgemütliche Trattoria mit Gastgarten und Hauptaugenmerk auf Meeresfrüchte. Die herzlichen Gastgeber Lorella und Sandro servieren Drachenkopfsuppe, Gnocchetti mit Krabbenfleisch und gegrillten Branzino in entspannter Atmosphäre, während die Kinder im Garten herumtoben. Top-Empfehlung!

A Salita delle Mura 11B
   34015 Muggia
T +39 040 27 26 67
W trattoriaalcastello.net

GASTRONOMIA IL CUOCO MUGGIA

In diesem klassischen Feinkost-Takeaway-Laden unweit der Mandracchio di Muggia mit ihren zahlreichen Fischerbooten gibt es von eingelegten Garnelen, Polpette di Carne (Fleischlaberl), Hähnchen vom Grill, (Gemüse)Lasagne, Kipfel-Kroketten, Crespelle (Palatschinken) bis zu Dosenbier so ziemlich alles, was hungrige Muggia-Besucher, egal ob sie auf dem Land- oder Seeweg unterwegs sind, zum adäquaten Hungerstillen benötigen. Propere Anlaufstelle für Selbstversorger.

A Via Giosuè Carducci 3
   34015 Muggia
T +39 040 27 43 72

ENOTECA AL PATRIARCA

Gina und Robi bespielen diese kleine, rustikale Enoteca in der schmalen Calle Giacomo Puccini schon seit einigen Jahren, was auch die hohe Stammgastdichte beweist. Während der Chef für den Saal verantwortlich ist, steht Gina ihre Frau in der Küche und zaubert herzhafte, lokale Hausmannskost. Neben gemischten Platten mit mariniertem, rohem Meeresgetier finden sich auch Goulash oder gebratene Salsicce mit Knödel und Kraut auf der handgeschriebenen Karte.

A Calle Giacomo Puccini 12
   34015 Muggia
T +39 333 117 47 85

TAG 02

CALLAS, CASONI UND EINHORN-EIS

QUALLEN SIND IM TRIESTINER GOLF KEINE BESONDERHEIT,
DOCH SELTEN ERREICHEN SIE EIN AUSMASS WIE IN DIESER SAISON

IM SCHATTEN DES LEUCHT- TURMS

Über schaumiges Wasser und einem immer dichter werdenden Quallenteppich halten wir Kurs auf die Triestiner Molo Teresiano, wo Wolfgang aufgrund seines großen Segelfreunde-Netzwerkes und als Mitglied der örtlichen Lega Navale, die sich der Förderung von Seefahrt, Wassersport und Meeresschutz verschrieben hat, für den Luigi kurzfristig einen Anlegeplatz im Schatten des alten Lanterna-Leuchtturmes, zwischen Guardia di Finanza und Guardia Costiera, für uns klarmachen kann.

Auf unserer kurzen Überfahrt kommen wir fast in Greifnähe der »A«, der weltweit längsten Segelyacht, die von der italienischen Regierung aufgrund der aktuellen politischen Lage beschlagnahmt wurde. Die überdimensionale russische Segelyacht, die einem futuristischen Hochseeraumschiff ähnelt und aus technischen Gründen immer wieder im Hafenbecken Triests von der auf dem Schiff kasernierten Crew bewegt werden muss, ist mittlerweile schon zu einem temporären Wahrzeichen der Stadt avanciert und dient als beliebtes Fotomotiv. Sie ankert übrigens zwischen Barcola und Muggia abwechselnd an den verschiedenen Ecken Triests.

»AM ANFANG WAR DAS MEER. DANN WURDE DAS SEGELBOOT ERSCHAFFEN, UM ES ZU DURCHFAHREN.«

PAOLO RUMIZ, 2023

TAG 02 — CALLAS, CASONI UND EINHORN-EIS

AB INS HINTERLAND

Frisch geduscht, rasiert und gekämpelt, mit Kamera, Aufnahmegerät und Reisepass im wasserdichten Beutel ausstaffiert, mache ich mich auf den Weg in den slowenischen Karst, wo mich der Godfather aller Reisebuchautoren, Kriegsberichterstatter, passionierter Segler, Wanderer und Philosoph Paolo Rumiz zu sich nach Hause eingeladen hat. Paolo Rumiz (geboren 1947), der mit seinem soeben erschienenen Epos »Canto per Europa« gerade in allen italienischen Buchhandlungen prominent aufliegt, nimmt sich in einer Art modernen Odyssee dem brandaktuellen Thema der Flüchtlingsbewegung im Mittelmeerraum und dem Fortbestand Europas an.

Paolo Rumiz, der zu Fuß die Via Appia beschritten und mit dem Faltboot den Po erkundet hat, der monatelang auf einer Leuchtturminsel lebte, um hier ein statisches Reisebuch zu verfassen, und der mit »Maschere per un Massacro« die Hintergründe des Jugoslawienkrieges aufgearbeitet hat, zählt neben Claudio Magris zu den bekanntesten zeitgenössischen Triestiner Literaten.

Meine erste Faszination für Paolo Rumiz ergab sich nach einem berührenden Vorwort, das er für Günther Schatzdorfers »Triest: Porträt einer Stadt« über die damals noch nicht so hippe Stadt der Winde verfasst hat.

Eigentlich wollten wir uns ursprünglich im Zentrum von Triest für ein Gespräch treffen, doch Rumiz hat sich mit seiner Frau Irene mittlerweile in sein Domizil im slowenischen Karst zurückgezogen.

Das für eine Stunde anberaumte Gespräch, mit Hauptaugenmerk auf »Canto per Europa«, das mittlerweile auch auf Deutsch erschienen ist, dauert dann fast drei Stunden.

Rumiz, der seine Reiseziele immer nur ein einziges Mal besucht, um den Eindruck der ersten Begegnung zu bewahren, fasziniert mich in seiner Kompromisslosigkeit. Sein unerschöpfliches Wissen und die Gedanken zu seiner grenznahen Wahlheimat, die er als Seismograph für die europäische Wirtschaft und die auch hier vorbeiziehenden Flüchtlingsströme sieht, bieten reichlich Gesprächsstoff.

Trotz aller Abschweifungen finden wir immer wieder zum Thema Reisen und Unterwegs-Sein zurück, ein Thema, das unser

ILLUSTRIERTE WINDWIDMUNG VON MEINEM LIEBLINGSREISEAUTOR PAOLO RUMIZ

WER SICH TRIEST AUF DEM LANDWEG NÄHERT, HAT DEN BESTEN AUSBLICK VON DER ZUM UNESCO-WELTKULTURERBE ZÄHLENDEN STRADA COSTIERA

beider Leben, wenn auch aus unterschiedlichem Antrieb, prägt. Paolo Rumiz nimmt sich ausgiebig Zeit, um all meine über die Jahre angesammelten Fragen bezüglich seines literarischen Werkes zu beantworten.

Die Gastfreundschaft der Familie Rumiz, die von einem gemeinsamen Essen im Paradiesgarten ihres Anwesens gekrönt wird, ist überwältigend und und berührt mich zutiefst. Nach der traumhaften typischen Karstjause komme ich noch in den Genuss einer Führung durch das beneidenswert paradiesische Domizil, darf den schnurrenden Haustiger streicheln, lasse mir groupiemäßig meine mehrmals gelesene Leuchtturm-Ausgabe, in deren Widmung er mir guten Wind wünscht, signieren, bevor ich mich wieder auf den Weg in Richtung Hafen mache.

TAG 02 — CALLAS, CASONI UND EINHORN-EIS

TRIEST IM WANDEL

Zurück im quirligen Triest lasse ich mich ziellos quer durch die Stadt treiben und atme die eigenwillige Atmosphäre der Hafenstadt. Lasse mich im Cavana-Viertel auf einen spätnachmittäglichen Capo in Bi, gefolgt von einem purpurroten mit Luxardo-Bitter versetzten Aperitivo, nieder. Ich beobachte die vorbeiziehenden heimischen Flaneure und die staunenden Touristen aus fernen Landen. Während Letztere mit großen Augen durch die Gassen der ehemaligen k. u. k. Hafenstadt pilgern, stellen die älteren Triestiner ihren ganz eigenen Blick zur Schau, der eine Mischung aus Wehmütigkeit, Desillusionierung und Entschlossenheit zeigt und der ganz im Einklang mit der allgegenwärtigen Wehmut der wieder erblühenden Hafenstadt steht.

Triest erfindet sich nach Jahren des Mauerblümchendaseins gerade neu. Muss sich neu erfinden, um diesmal nicht den Anschluss an den Rest der Welt zu verlieren, wie es in der wechselvollen Geschichte der Stadt bereits öfter der Fall gewesen war. Nach der Aperò-Pause statte ich meinem Lieblingsantiquariat im ehemaligen Ghetto einen Besuch ab, wo ich zu meiner Freude einen weiteren historischen Sternenatlas erstehe.

MÜSSIGGANG AM TRIESTINER CANAL GRANDE

»AH TRIESTE, TRIESTE, TRIESTE ATE MY LIVER.«

JAMES JOYCE, 1939

Bei den Buchhändlern, die der Via del Rosario mit ihren Kiosk-Schatztruhen ihr ganz eigenes Flair verleihen, wühle ich mich durch abgegriffene Groschenromane aus den 1970ern, knallige Pulp-Fiction mit noch reißerischeren Covern und noch reißerischeren Titeln, blättere in einer zerlesenen, reichlich bebilderten Ausgabe der »Odyssee«, aus der Zeit des italienischen Faschismus', der für die Schleifung des Ghettos und die uns umgebende brutalistische Architektur verantwortlich zeichnete. Schließlich bleibe ich bei einer nerdigen »Piccola Enciclopedia del Cinema« aus dem Jahr 1974 hängen, die ich, ohne großartig verhandeln zu müssen, für einen fairen Preis erstehe.

Auf der einzigen Sitzbank vor der Gelateria Jazzin, nahe der Piazza Unità, genieße ich mein Gefrorenes in Form eines köstlich mundenden Wasser- und Zuckermelonensorbets.

Mein Eis löffelnd lausche ich schmunzelnd den enttäuschten Schilderungen amerikanischer Kreuzschiffpassagiere, die ob des fehlenden Triestiner Angebots von All-you-can-eat-Buffets und mittelmäßiger Weine (!) mit der Stadt der Winde überhaupt nichts anfangen können. Dazu fällt mir der Rat des historischen Cook's-Handbook-Reiseführers ein: »Der mittelmäßige Reisende wird wohl keinen Wert darauf legen, länger in Triest zu bleiben.« Ich für meinen Teil fühle mich auf jeden Fall bis in die letzte Faser meines Körpers rundum glücklich und schlendere nach einem allerletzten Capo in Bi am Hafen entlang der Riva Nazario Sauro in Richtung unseres Liegeplatzes.

NACH KUNTERBUNTEN GELATO-TRÄUMEREIEN: SPRITZ-AUSKLANG AN BORD

TAG 02 — CALLAS, CASONI UND EINHORN-EIS

IM ABEND VERSUNKEN

Wolfgang ist in der Stadt unterwegs und so habe ich den Luigi für mich allein. Da mein geliebtes Triest, sobald man das historische Zentrum verlässt, noch immer dieses zeitlose 1970er Jahre-Flair verströmt, assoziiere ich damit immer gestandenen Psychedelic-Prog-Rock der Marke Yes, frühe Genesis-Alben aus der Veröffentlichungsphase, als Peter Gabriel noch das Mikro schwang, und den folkig-proggigen Querflöten-Sounds von Jethro Tull. Mit Ian »Lachszüchter« Andersons »Tales of the topographic ocean« als passende Hintergrundmusik zaubere ich mir flaumige Gnocchi mit Bottarga und Scamorza. Zeitgerecht zum Sonnenuntergang genieße ich an Deck meine Mahlzeit mit einer Edelspritzvariante aus Luxardo und Schaumwein vom Weingut Serafini & Vidotto aus Nervesa della Battaglia.

DAS NÄCHTLICHE PANORAMA DER STADT DER WINDE, VON UNSEREM ANKERPLATZ AUS GESEHEN

Während ich in meiner »Piccola Enciclopedia del Cienema« blättere, die mit dem Erscheinen von Kubricks monolithischer Anthony-Burgess-Verfilmung »Clockwork Orange« und Bertoluccis skandalträchtigem »Ultimo tango a Parigi«-Drama endet, nasche ich noch ein Schälchen Belica-Oliven aus dem Karst. Ich sehe Triest zu, wie es im Abend versinkt. Verhalten dringt der Post-Sonnenuntergangs-Soundtrack Triests über das Hafenbecken. Die Masten der schaukelnden Segelboote seufzen in der leichten Dünung, als die Guardia Costiera vorbeigleitet und am Nebenpier anlegt. In den Lichtkegeln der Bodenscheinwerfer des Bootes treiben Lungenquallen durch das Wasser, die das gebündelte Licht gespenstisch reflektieren. Vom gegenüberliegenden Lokal des Yacht Club Adriaco macht sich gerade ein DJ auf der Dachterrasse ans Werk und angenehme Lounge-Musik in dezenter Lautstärke mäandert über das Hafenbecken.

Irgendwann ist Wolfgang zurück und wir schnappen unsere Kameras, um von der Hafenmole aus Triest bei Nacht abzulichten. Das angenehm salzige Aroma der Adria, die warme Brise über dem Hafenbecken, die funkelnden Lichter der Stadt, die sich bis weit in den Karst hinauf erstrecken, sowie der glasklare Sternenhimmel machen diesen Augenblick unvergesslich.

Mit meinem Sternenatlas verziehe ich mich in die Koje, wo ich durch die Luke Sterne schaue und als Betthupferl mit halbmastmüden Augen die berührende Erzählung »Der Portier« des Triestiner Autors Claudio Magris lese. Bis ich in meinem kleinen Reich, meinem schwimmenden Kokon, in den Schlaf gewiegt werde. Heute träume ich von fernen Leuchttürmen, die über unendliche Milchstraßen zu erreichen sind.

TRIEST-PROG-CLASSIC-ALBEN

»Foxtrot« Genesis, 1972
»Going for the one« Yes, 1977
»Thick as a brick« Jethro Tull, 1972
»Atom Heart Mother Suite« Pink Floyd, 1970
»Breathless« Camel, 1978
»In the Court of the Crimson King« King Crimson, 1969

TAG 02 — CALLAS, CASONI UND EINHORN-EIS

BUONGIORNO TRIESTE

Kurz nach 6 Uhr bin ich schon wieder an Deck und spaziere durch das noch verschlafene Triest. Vorbei an der alles nach außen hin verbergenden Mauer des historischen, nach Geschlechtern getrennten Lanterna-Meerbades und den traurigen Resten des Hallenbades. Aus der eingestürzten Decke wachsen mittlerweile Sträucher, die dem ruinösen Ensemble einen seltsam dystopischen Anstrich verleihen.

Zu dieser frühen Stunde ist in dieser Ecke des Hafens noch so gut wie niemand unterwegs. Hier und da macht sich ein vom Schlaf verquollenen Truck-Fahrer auf den Weg zum Verschiffungsterminal hinter der Riva Traiana. Abgesehen von Hundehaltern, die Hinterlassenschaften ihrer Vierbeiner in schwarze Plastiktüten stülpen, und durchtrainierten Läufern, die ihren Blick abwechselnd auf den am Handgelenk befestigten Pulsfrequenz-Chronometer und das tückische Kopfsteinpflaster entlang der Mole richten, habe ich die Stadt für mich allein. Auch der Autoverkehr hält sich in noch in Grenzen. Die Linienbusse sind noch überwiegend leer. Ein nach einer Verdi-Oper benanntes, buntbemaltes Kreuzfahrtschiff fährt gerade an der Molo Magazzino 42 ein. Einige der Passagiere stehen, als ob sie gerade auf dem Weg in die nächste Sauna wären, in flauschigen Morgenmänteln an ihren Bordbalkonen und winken mir zu. Ich winke nicht zurück, da ich diese ökologischen Planierwalzen entschieden ablehne.

Im Gastgarten der noch geschlossenen Gelateria an der Mole schnarcht ein Mann mit offenem Mund. Selbst die Geräusche des nahenden Schiffes stören seinen Schlummer nicht. Die halb geschlossenen Lider flattern, er murmelt etwas Unverständliches im Schlaf. Nach einem Ristretto und einem Schokoladen-Brioche – der Barista, der jeden seiner Morgenkunden beim Vornamen kennt, ist James Bond/Daniel Craig wie dem Gesicht geschnitten – setze ich mich auf die äußerste Bank der Molo Audace und betrachte die Stadt aus der Meeresperspektive.

> *Zu dieser frühen Stunde ist in dieser Ecke des Hafens noch so gut wie niemand unterwegs.*

GOLFBLICK MIT MÜNZEINWURF VOR DER MOLO AUDACE

Ein nicht angeleinter Kampfhund, der, nicht wie in unseren Breiten oft auf den Namen Adolf, sondern auf Benito (!) hört, schnüffelt an meinen Beinen, wird aber Gott sei Dank von seinem kahlrasierten Herrchen am Halsband gepackt und weggeschleift. Den achtlos weggeworfenen Müll vom Vorabend, den die Sonnenuntergangsanbeter der Jugendbewegung Movida auf der Molo hinterlassen haben, kickt er fluchend ins Wasser.

Für einige Augenblicke bin ich wieder allein und vertiefe mich in mein Notizbuch, als mich eine ältere Dame anspricht und mich um ein Foto von ihr vor der über dem Karst aufgehenden Sonne bittet. Sie reicht mir ihr Telefonino und wir kommen ins Gespräch. Erika spricht zu meinem Erstaunen fast fehlerfrei meine Sprache, obwohl sie sich ständig für ihr schlechtes Deutsch entschuldigt. Seit ihrer Pensionierung wohnt sie in der Nähe von Latisana, kommt aber immer wieder »mit viel Wehmut«, wie sie sagt, zurück nach Triest, wo sie aufgewachsen ist. Mit verklärtem Blick zeigt sie

TAG 02 — CALLAS, CASONI UND EINHORN-EIS

DER SCHAUM DER TAGE – DIE MOLO III IM PORTO VECCHIO

in Richtung des Stadtteils Servola. Wir unterhalten uns über die massiven, dem Tourismus geschuldeten Veränderungen, die das Zentrum Triests in den letzten Jahren erfahren hat. In das einst verruchte und heute mehr als hippe Cavana-Viertel durfte sie als Kind nur gemeinsam mit ihrer großen Schwester, um dort einmal in der Woche in der Farmacia die extra für ihren kranken Hund gemischte Arznei abzuholen. Seeleute, Drogen und Prostitution prägten damals diesen Stadtteil Triests. Als Kinder, erzählt sie, waren sie im schon lange nicht mehr existierenden und nur mit dem Boot erreichbaren Meerbad an der Diga Foranea hinter der Molo Audace schwimmen.

Erika erzählt von einem Triest, das heute nur mehr rudimentär existiert. Ich kann mich gar nicht satthören an ihren Geschichten und erfahre binnen Minuten unzählige Details und Eigenheiten der Stadt der Winde und über ihre Bewohner, die in keiner Stadtchronik zu finden sind. Leider muss ich mich verabschieden, da wir in Kürze in Richtung Grado ablegen werden.

Auf dem Rückweg mache ich einen kleinen Umweg über die Piazza Hortis, wo ich am Wochenmarkt Honig aus dem Karst, zart duftende Zucchiniblüten und köstlich, kratziges heimisches Olivenöl ohne Etikett erstehe und noch einen Abstecher in die Enoteca mache, um unsere Weinvorräte aufzustocken.

Ein slowenischer Straßensänger mit der Stimme von Michael Stipe greift zum Rod-Stewart-Klassiker (nein, nicht »Sailing«) »I don't want to talk about it« in die Saiten und ich fühle mich beim Mitsingteil für einen kurzen Augenblick frozen in time und mental in meine Jugend versetzt.

In Gedanken bereits bei unserer nächsten Reiseetappe verabschiede ich mich von meinem Wien am Meer, wo die immer grantigen Wiener fehlen. Wenig später lichten wir den Anker und machen uns in Richtung Barcola und Grado auf.

SÜSSER PROVIANT AUS DER PASTICCERIA LA BOMBONIERA DARF FÜR DIE WEITERFAHRT NICHT FEHLEN (VIA TRENTA OTTOBRE).

TAG 02 — CALLAS, CASONI UND EINHORN EIS

LANDGANG IN TRIEST

LIBRERIA ACHILLE

Literarische Schatztruhe inmitten des ehemaligen Ghettos. Neue, gebrauchte und seltene Buchschätze in verschiedensten Sprachen, zu fairen Preisen gilt es in diesem charmanten Antiquariat zu heben. Ein verstecktes Juwel voller bibliophiler Raritäten.

A Piazza Vecchia 4, 34121 Trieste
T +39 040 63 85 25
W libreriachille-trieste.com

KLEINES BERLIN

Die Mulitkulti-Hafenstadt Triest verfügt über ein vergessenes Little Liverpool, ein gerade wiederentdecktes Piccola Parigi und das aus dem letzten Krieg stammende sogenannte Kleine Berlin. Hierbei handelt es sich um ein gut erhaltenes, weit verzweigtes unterirdisches Tunnel- und Bunkersystem, das wiederum aus zwei verschiedenen, miteinander verbundenen Teilen besteht. Während der erste zum Schutz der Bevölkerung gedacht war und sogar eine unterirdische Krankenstation beherbergte, wurde der andere von den deutschen Besatzern als Lager und unterirdische Verbindung zwischen dem Wohnhaus des Kommandanten Odilo Globocnik und dem Sitz der Kommandozentrale benutzt. Der Einblick in die Unterwelt Triests ist gratis. Geführte Touren können gegen telefonische Voranmeldung gebucht werden.

A Via Fabio Severo 11, 34121 Trieste
T +39 040 349 82 39
W cat.ts.it

SET SAPORI ECCELLENTI DEL TERRITORIO

In diesem modernen Alimentari bzw. Bistro mit Mittagstisch und Aperitivo-Möglichkeit hat man sich den hochqualitativen Delikatess-Produkten diverser Kleinstproduzenten aus dem Friaul verschrieben. Täglich frisch fabrizierter Ricotta aus den karnischen Alpen, Caciotta, Ziegenkäse, Salsiccie, Salumi, Craft-Biere und natürlich Weine aus den verschiedensten Appellationen des Friauls sind im reichhaltigen Take-away-Sortiment zu finden, können aber auch vor Ort genossen werden.

A Via di Cavana 13a
   34121 Trieste
T +39 040 247 10 80
W set-trieste.com

ENOTECEA HORTIS

Gut sortierte Vinothek mit einem breiten Angebot an Schaumweinen und kompetenter Beratung in Sachen Karstwein. Tafelweine wie Traminer Aromatico (Gewürztraminer) werden auch gerne in mitgebrachte Litergebinde vor Ort abgefüllt. Ausgewählte Flaschen können direkt vor Ort verkostet werden. Das sorgfältig zusammengestellte Sortiment reicht bis in die Weinbaugebiete Sloweniens und Kroatiens.

A   Piazza Attilio Hortis 2A
    34121 Trieste
T   +39 379 241 99 41
W   enotecahortis.com

MUNDWÄSSERNDES MEERES-FRÜCHTE-TAGESANGEBOT

FIOR ROSSO OLIVENÖL

Das in der Karstküche unabkömmliche, aus den autochthonen Olivensorten Belica und Biancera gepresste Fior Rosso Olivenöl ist mittlerweile in einigen Alimentari der Stadt erhältlich und findet sich auch in ausgewählten Gastronomiebetrieben. Die Azienda des von zwei Generationen geführten Familienunternehmens liegt auf halbem Weg zwischen Muggia und Triest. Hier kann das flüssige Karstgold gegen telefonische Voranmeldung vor Ort erstanden werden.

A   Via Flavia di Aquilinia 420
    34121 Trieste
T   +39 338 918 68 72
W   fiorrosso.it

PESCHERIA DA CLAUDIO

Die netteste Fischhandlung der Stadt befindet sich mitten im zentral gelegenen Cavana-Viertel. Hochqualitatives Meeresgetier. Vom Heuschreckenkrebs über Oktopus bis zum Drachenkopf liegt hier alles auf Eis, was Selbstversorger in Sachen Frutti di Mare benötigen. Kompetente Beratung und Zubereitungstipps gibt es gratis dazu.

A   Via di Cavana 13c
    34121 Trieste
T   +39 040 322 96 80
W   pescheria-da-claudio.business.site

BORETO LUIGI

Neben Sievuli in Savor, in Salz eingelegte Meeräschen, Zuppa di Gò, Fischsuppe mit Grundeln, und Canoce, gedämpfte Bärenkrebse mit Olivenöl und Zitrone, zählt das Boreto à la Graisana zu den Klassikern der Gradeser Lagunenküche. Dabei handelt es sich um einen leicht säuerlich schmeckenden, dickflüssigen Fischeintopf mit Steinbutt und verschiedenen anderen Lagunenfischen. Ursprünglich wurde er mit Essig angereichert, um eine längere Haltbarkeit zu gewähren. Jeder Gradeser Koch darf im Rahmen des herbstlichen Boreto-Festivals einmal im Jahr sein eigenes Rezept präsentieren. Als Weinbegleitung wird oft Rotwein, etwa Schioppettino aus Prepotto oder ein leicht lieblicher Augusteo Cabernet, gereicht. Voilà, hier meine Boreto-Variante zu Ehren unseres Luigis.

2	Knoblauchzehen natives Olio Celo Olivenöl vom Triestiner Winzer und Olivenölproduzenten Sancin aus San Dorligo della Valle in Triest
2	Steinbuttfilets
2	Dornhaifilets
2	Aale (ca. 10 cm lang)
⅛ l	Balsamico bianco »Aranol« (Seite 21), grobes Meersalz, weißer Pfeffer heißes Wasser
250 g	Instant-Polenta

ZUBEREITUNG

In einem schweren Topf das Olivenöl mit den geschälten Knoblauchzehen erhitzen. Sobald der Knoblauch braun wird, mit einem Siebschöpfer aus dem Öl heben und entsorgen. Die sorgfältig gewaschenen und trocken getupften Fischstücke in das heiße Öl einlegen und je eine halbe Minute lang auf jeder Seite anbraten, Balsamico bianco darübergießen und zugedeckt auf großer Flamme kochen, bis der Essig verdampft ist. Den Fisch mit heißem Wasser bedecken, salzen, pfeffern und ungefähr 10 Minuten bei mittlerer Hitze weiterkochen lassen, bis die Sauce eindickt.

Währenddessen die in Scheiben geschnittene Instant-Polenta mit etwas Olivenöl beidseitig je 1 Minute anbraten und in 0,5 Zentimeter dicke Scheiben schneiden. Den Eintopf am Tisch mit einer dünnen Spur »Aranol« verfeinern und mit den Polentaschnitten servieren.

GNOCCHI CON BOTTARGA E SCAMORZA AFFUMICATA

50 g	geräucherter Scamorza
1 Handvoll	Pinienkerne
500 g	Gnocchi
2	Dornhaifilets
50 g	Bottarga di Muggine
½	Zitrone (Zeste)
	»Aranol« (Seite 21), Meersalz, Cubeben-Stielpfeffer

ZUBEREITUNG

Den Scamorza in kleine Würfel schneiden oder grob mit einer Käsereibe hobeln. Die Pinienkerne in einer beschichteten Pfanne kurz anrösten. Sobald diese anbräunen, die Pfanne von der Flamme ziehen und die Pignoli in der Pfanne nachziehen lassen.

Ausreichend Wasser in einem Topf zum Kochen bringen, Wasser salzen, die Hitze reduzieren und die Gnocchi ins wallende Wasser einlegen, bis sie nach ca. 10 Minuten wieder an die Oberfläche kommen. Mit einem Siebschöpfer herausnehmen, abtropfen lassen und portionsweise auf Teller anrichten.

Den klein gewürfelten Scamorza darüberstreuen. Mit dem Trüffelhobel oder einer Parmesanreibe Bottarga über die Gnocchi hobeln. Die aromatische Zitronenzeste und die gerösteten Pignoli über dem Gericht verteilen und mit »Aranol« (Seite 21) verfeinern. Mit frisch geschrotetem Cubeben- Stielpfeffer aus der Mühle würzen.

Bottarga, der gepresste Rogen der Meeräsche, wird in Italien vor allem in Sardinien verwendet, ist aber auch in der ägyptischen Küche zu finden. Das charakteristisch fischig-salzige Aroma kombiniert mit den Räucheraromen des Scamorza und dem erfrischenden »Aranol« verleiht diesem Gericht seine besondere Note.

TAG 03

TAG 03 — ZWISCHEN DEN ELEMENTEN ZUHAUSE

LEKTIONEN IN DEMUT

Ich lerne, dass auf einem Segelboot die Ziele und vor allem das Tempo nur bedingt in meiner Hand liegen. Ein eng getakteter Zeitplan scheitert meist an wetterabhängigen Herausforderungen, die nicht vorhersehbar sind. Wir sind abhängig von Gezeiten, Strömungen. Nicht planbare Vorkommnisse, wie zum Beispiel das von Unwettern angeschwemmte Material, kann die Tiefe einer ins Meer führenden Flussmündung von einem Tag auf den anderen Tag verändern.

Wolfgang kennt diese Gegend wie seine Westentasche, lotst uns an gefährlichen Untiefen, vorbei, zeigt mir, wo sich der Isonzo in einem eindrucksvollen Naturschauspiel mit der Adria vermählt. Tiefe, Strömung und vor allem die Farbe des Meeres ändern sich abrupt und auf Treibgut muss man hier besonders achtgeben. Erstaunt lerne ich, dass man auch weit draußen vor der Küste ein Segelboot aufgrund setzen kann. Halleluja, das war knapp! Gott sei Dank hat Wolfgang seine Augen immer überall und gibt zeitgerecht mit ruhiger Stimme seine Direktiven.

> *Die Adria hat es faustdick hinter den Ohren, oder besser in den Wellen*

Meine wichtigste Erkenntnis ist aber, dass wir hier in diesem unendlichen Ozean nur zu Gast sind und uns dem Meer und den Urgewalten zu beugen haben. Zeit spielt auf dem Meer eine andere Rolle als an Land. Du reist nicht mit dem Meer, so wie mit dem Flugzeug oder dem Auto. Du reist auf dem Meer, das mal stärker, mal schwächer das Boot durch kleine oder riesige Wellen emporhebt oder fallen lässt. Du bist hier nur ein mikroskopisch kleiner Teil in einem großen Ganzen. Die Dinge hier draußen passieren auch ohne dich. Ob du hier draußen herumschipperst oder auch nicht, ist für Adria, das große uns umgebende Ganze, nicht von Wichtigkeit. Also sei demütiger Gast und halte dich an die Regeln, zeige Respekt – dann besteht die Möglichkeit, mit der Adria ein gutes Auskommen zu haben. Erwarte aber stets das Unerwartete! Die Adria hat es faustdick hinter den Ohren – oder besser in den Wellen. Du kämpfst täglich gegen Strömungen und die nicht zu unterschätzenden Gezeiten an. Auch wenn konstanter Wind und

»WIR SIND NUR EIN TROPFEN IN DIESEM UNENDLICHEN OZEAN.«

SEGELNOVIZE WOLFGANG SALOMON NACH NUR DREI TAGEN AUF DEM MEER

Autopilot zu Müßiggang verleiten und du an Deck mit Blick gegen das azurblaue Firmament deinen Tagträumen nachhängst, behalte immer im Hinterkopf: Die absolute Pause gibt es auf einem Schiff nicht. Die Ebbe kehrt regelmäßig wieder, nimmt sich nie Auszeit, ist, Mond sei Dank, verlässlicher als das vielzitierte Schweizer Uhrwerk.

Heute sind uns die Götter der Sonne und der Meeresströmungen wohlgesonnen. Unter wolkenlosem Himmel segeln wir bei leichtem Wind entlang der Barcola, dem Hausstrand der Triestiner, unserem heutigen Tagesziel, dem mondänen Seebad Grado im ehemaligen Küstenland Österreich, entgegen.

Die Sonne scheint aus dem Zenit auf uns herab, als wir das Märchenschloss Miramare passieren. Die Mittagsglocken aus Grignano und Prosecco schallen über das Wasser und vermischen sich zu einer kurzen Kakophonie, während die alles überblickende, brutalistische Wallfahrtskirche Santuario di Monte Grisa sich in tiefstes Glockenschweigen hüllt. Springende Fische glitzern in der Sonne. Beim Eintauchen hinterlassen sie kleine runde Wellenkreise. Es riecht nach Triest, Meer und Seegras. Unter dem Sonnendeck genießen wir, passend zum Kaiserwetter, einen kaiserlich-königlichen *Miramare*-Brunch (Rezept Seite 90), während wir den Luigi in die Hände des Autopiloten übergeben.

KAISERLICH-KÖNIGLICHER BRUNCH MIT BLICK AUF „NEUSCHWANSTEIN SULL MARE"

BILD VORIGE SEITE: HAFENEINFAHRT ZUM PORTO VECCHIO DI GRADO

TAG 03 ——————————————— ZWISCHEN DEN ELEMENTEN ZUHAUSE ——

SUBMEDITERRANE
WEINKÜHLTECHNIK

RECHTES BILD:
MITTAGSGELÄUT MIT
MÄRCHENSCHLOSS-VIEW

LIFEHACK: WEINKÜHLUNG

Mit Bravour scheitere ich daran, unsere Weinflasche für das abendliche Dinner an einem Tau zu befestigen, um die Flasche im Kielwasser fototauglich auf Betriebstemperatur zu bringen. Wolfgang Wolfgang weiht mich in einen alten Seemannstrick ein: alternativ kann man nämlich Weinflaschen auch mit einem nassen T-Shirt umwickeln und am Mast befestigen, um so den gewünschten Effekt zu erzielen. Da der Wind heute dafür aber nicht ausreicht und Wolfgang ohnehin alle Hände voll zu tun hat mit segeltechnischen Dingen, verstaue ich den edlen Tropfen im Kühlsumpf der Kombüse und wechsle ans Steuerrad. Den richtigen Kniff, um mir zu zeigen, wie die Flasche fachgerecht mit einem Tau zu ummanteln ist, ohne sie im Golf von Triest zu versenken, wird er mir bei anderer Gelegenheit zeigen. Unsere Geschwindigkeit beträgt 3,7 Knoten, das sind exakt 6,85 Kilometer pro Stunde, bei einer Wassertiefe von 11,3 Metern und moderatem Wellengang. Grado, wir sind auf dem Weg.

SEGELTRÄUME

Richard Wright, seines Zeichens Pink Floyd-Keyboarder und passionierter Segler mit Homebase im griechischen Lindos, veröffentlichte zu Lebzeiten zwei Solowerke, die im Canon der großen Pink Floyd-Epen leider etwas untergegangen sind. Völlig zu Unrecht. »Broken China« (1996) mit Gastbeiträgen von Sinéad O'Connor und »Wet Dream« (1978) präsentieren sich als perfekte Soundtracks für Sonne, Sand und Meer. Schon der instrumentale Opener »Mediterranean C« vermittelt das Gefühl, auf den ozeanischen Wellen zu segeln. Gänsehaut-Titel wie »Summer Elegy«, »Holiday« oder »Waves«, die akustisch nach mit Sonnenmilch eingecremter Haut schmecken, sprechen für sich selbst.

TAG 03 — ZWISCHEN DEN ELEMENTEN ZUHAUSE

VOR ANKER IM ALTEN HAFEN

Gegen 16 Uhr passieren wir die Skyline von Grado. Eine knappe Stunde später fahren wir durch den Kanal entlang der Riva Bersaglieri in Grado ein. Vorbei an den schlafenden Gradeser Fischerbooten, umschwärmt von enttäuscht keppelnden Möwen, denen wir nicht mit Fischabfällen dienen können, gehen wir im Porto Vecchio in einem fast leeren Hafenbecken vor Anker.

Grado hat im Gegensatz zu Triest und Muggia ein ganz eigenes, unverkennbares Odor, dessen maritim geprägte Note schon bei der Annäherung durch die Lagune wahrnehmbar ist.

Gerade auf Gerüche und Aromen reagiert die Nase auf hoher See mangels Abwechslung viel sensibler. Der Duft von frisch gebrühtem Caffè ist hier gefühlt auf eine Entfernung von hundert Kilometern zu riechen.

Außer dem Luigi ankert ein einsamer Segler unter slowenischer Flagge, der zu unserem Erstaunen gerade quer durch das verwaiste Hafenbecken schwimmt.

Zum Abendessen besucht uns Alessandro, der rührige Hoteldirektor des Grand Hotel Astoria, zum improvisierten Abendmahl auf dem Luigi (Rezept Seite 93). Mit zwei Flaschen gut gekühlten Weines unterm Arm klettert er an Deck, krempelt sich den feinen Zwirn seines Beinkleides auf Halbmast, entledigt sich seiner Schuhe und Socken, legt das Jackett ab und genießt die nächsten eineinhalb Stunden, die er sich von seinem zeitintensiven Job abzwacken konnte.

DIE ÜBERRESTE DER BASILICA CORTI MIT DER FRIEDVOLL VORSAISONALEN ALTSTADT GRADOS IM HINTERGRUND

MORRICONE, CALLAS UND DIE RÜCKSEITE GRADOS

Auf dem Porto Vecchio ist mittlerweile fruhabendliche Ruhe eingekehrt. Die Presslufthammer der nahen Baustelle sind mittlerweile im Feierabendmodus, und so sitzen wir entspannt an Deck, den heutigen Tag rekapitulierend. Während die göttliche Callas stimmgewaltig die Arie aus »La Wally« intoniert, in der sie durch goldene Wolken dorthin geht, wo Hoffnung, Bedauern und Schmerz sind.

Mein umtriebiger Kapitän, der ab und zu auch in der Pianobar des Grand Hotels hinter dem Klavier sitzt, veranstaltet demnächst einen Wiener Sommernachtsball inklusive historischer Bademodenschau auf der Dachterrasse des Astoria. Die letzten Feinheiten werden während unseres Dinners mit Alessandro besprochen, Ungeklärtes geklärt und die Zeit vergeht wie im Flug.

TAG 03 — ZWISCHEN DEN ELEMENTEN ZUHAUSE

Nachdem Il direttore uns wieder in Richtung Grand verlassen hat, schnappe ich meine Kamera und platziere mich auf einer der Bänke an der menschenleeren Promenade, um den malerischen Sonnenuntergang über der Lagune festzuhalten. Am Horizont, am anderen Ende der Bucht, ist die Silhouette von Lignano zu sehen. Ein einsamer Akkordeon-Spieler untermalt das kitschig-schöne Verschwinden der Sonne mit Ennio-Morricone-Western-Soundtracks aus »Il buono, il brutto, il cattivo«. Nachdem er mangels Zuhörer sein Instrument verstaut und sich auf den Heimweg gemacht hat, ist nur mehr das einlullende Anbranden der Wellen an der Diga zu vernehmen.

> *Am Horizont, am anderen Ende der Bucht, ist die Silhouette von Lignano zu sehen.*

Das Museo del Mare dämmert mittlerweile fast vierzig Jahre uneröffnet vor sich hin. Wahrscheinlich wird man bald ein Museum für das Museum bauen. Wie ich höre, soll aber bald ein Museum für Fischerei in der Via Orsoleo eröffnen. Der Begriff »bald« ist im Gradeser Sprachgebrauch allerdings relativ zu sehen.

Barfuß spaziere ich über den Sandstrand, entlang der tintenblauen Brandung, in der sich die letzten Strahlen der bereits verschwundenen Sonne für einen letzten Augenblick widerspiegeln. Bei dem kleinen Faro lasse ich mir am westlichsten Zipfel Grados die salzige, nach Muschelfleisch duftende Abendbrise um die Nase wehen und lande schließlich an der Riva Brioni mit Blick aufs Festland. Zwischen überdimensionalen, modernen Hotelbauten und

ABENDSTIMMUNG AM (NOCH) VERWAISTEN SPIAGGIA DES MONDÄNEN SEEBADS

RECHTES BILD: HIER KANN SICH JEDER SEIN EIGENES GRADO IN DEN RICHTIGEN RAHMEN STELLEN den bescheidenen, schon etwas in die Jahre gekommenen, einstöckigen Doppelhaushälften der Gradeser Urbevölkerung zeigen sich ungeschönt die zwei Seiten Grados. Während das Hotel den sommerlichen Touristenansturm erst in den kommenden Wochen erwartet und vor dem Portal nur das Singen des Windes in den Masten der vertäuten Segelboote zu hören ist, gibt es Leben hinter den beleuchteten Fenstern der Wohnhäuser. Küchengerüche, Geschirrklappern, das applaudierende Publikum einer TV-Quizsendung und in den verwaisten Vorgärten liegende Kinderräder geben Einblick in das echte Grado abseits der Sandstrände und zeigen unverfälschtes Leben anstelle der Postkartenidylle.

Nach einem kleinen Umweg durch die pittoresken Gassen der Altstadt setze ich mich noch für einen Augenblick an Deck unseres Schiffes, um die friedvolle Abendstimmung zu genießen, den wolkenlosen Sternenhimmel auf ein Neues zu bestaunen und den heutigen Tag in meinem Reisetagebuch festzuhalten. Gemütlich in meiner Koje eingeigelt lese ich die drei letzten Kapitel aus Andrea Nageles spannendem Triest-Psychiatrie-Krimi, in freudiger Erwartung auf unser morgiges Lagunenfrühstück mit der Kärntner Crime-Queen.

TAG 03 — ZWISCHEN DEN ELEMENTEN ZUHAUSE

K. U. K.-BRUNCH »MIRAMARE«

Die Zutaten sind natürlich optional, die Mengen können beliebig variiert werden. Einige der hier angeführten Käsespezialitäten stammen aus dem Triestiner SET in der Via Cavana (Seite 76), die frischen Meeresfrüchte aus der benachbarten Pescheria da Claudio (Seite 77). In Sachen Wein ist die nur ein paar Meter entfernte Enoteca Hortis neben dem bekannten Buffet da Siora Rosa eine gute Anlaufstelle.

DIE VIELSCHICHTIGEN AROMEN DES FRIULANISCHEN ZIEGEN-CAMEMBERTS – GEPAART MIT DEM SELBSTGEMACHTEN »POVAN« – ERÖFFNEN NEUEN GESCHMACKSDIMENSIONEN

1	Gorgonzola Dolce aus der Lombardei
1	Ziegencamembert aus dem Friaul
1	Schaffrischkäse aus dem Friaul
1	Burrata aus dem Veneto
1	reifer sardischer Pecorino
1	kleine, in Öl eingelegte Artischocke mit Stiel
1 Handvoll	in schmale Streifen geschnittener Radicchio di Treviso
1 Handvoll	kurz in Olivenöl angeröstete Mandelstifte
1 Glas	Belica-Oliven von Parovel
4	sonnengereifte San-Marzano-Tomaten
4	Zucchiniblüten
4	ausgelöste, vom Corail befreite Jakobsmuscheln
4	geschälte, entdarmte Gamberi-Schwänze
	natives Olivenöl aus Leccino- und Maurino-Oliven, gepresst von Fior Rosso
	grobes Meersalz aus Piran,
	frisch gemahlener Tellicherry-Pfeffer
	»Povan«, »Oval«, »Aranol«, »Barosso«, »Mikochu«, »Rupifle« (Seite 20ff)
	Ciabatta-Brot

REZEPTE

ZUBEREITUNG

Den Gorgonzola umgebe ich mit den gut gewaschenen und abgetropften Radicchio-Blättern. Beides beträufle ich mit Fior Rosso Olivenöl. Über den Ziegencamembert kommt ausreichend »Povan« und die in Streifen geschnittenen Basilikumblätter. Den Schafkäse kombiniere ich mit ein paar Klacksen des exotischen »Mikochu«. Die eine Hälfte der vorsichtig aufgeschnittenen Burrata wird mit den gerösteten Mandelstiften belegt, mit einer dünnen Spur »Aranol« überzogen und nach Geschmack gepfeffert, während die andere Hälfte mit einem Esslöffel »Rupifle« verfeinert wird.

Neben den grob gewürfelten sardischen Pecorino stelle ich ein kleines Schüsselchen »Barosso«, in das man die Käsestücke eintunken kann. Die mit »Aranol« beträufelten Zucchiniblüten und die eingelegten Artischocken lege ich zu den in Scheiben geschnittenen Tomaten, die ich noch mit Meersalz bestreue.

Zum Abschluss sautiere ich die Jakobsmuscheln und die Gamberi-Schwänze kurz in »Oval«, schneide das Ciabatta-Brot auf und arrangiere das lukullische Ensemble an Deck.

Den unvergesslichen Ausblick auf die vorbeiziehende Barcola, das Castello di Miramare und die Strada Costiera genieße ich mit einem Glas Vitovska Amber vom Weingut Lupinc aus der über uns im Karst liegenden Ortschaft Prepotto. Die salzig-karamellige Charakteristik sowie das duftig-grasige Aroma dieses in der Mittagssonne in Orange- und Goldtönen funkelnden Tropfens spiegeln perfekt den Triestiner Karst wider. Salute!

Als alkoholfreie Alternative bietet sich die nach Bedarf mit Wasser oder Mineralwasser verdünnte »Milipe« (Seite 27) an, mit der wir seit dem ersten Tag an Bord unseren Durst löschen.

FANGFRISCHE MEERESFRÜCHTE, ORANGER NATURWEIN AUS DEM KARST UND EINMAL SEELEBAUMELNLASSEN MIT MEERBLICK

TAG 03 ——————————— ZWISCHEN DEN ELEMENTEN ZUHAUSE

GRADESER LIEBLINGSSONNENUNTERGANGSBANKERL

DINNER PORTO VECCHIO

1 Bund	Hopfenstangen
1 l	Gemüsesud (aus 1 TL »Zuve«, Seite 26)
1	Scheibe Pancetta
2 Handvoll	Ziegenprovolone
1	Radicchio di Treviso
1	Lollo Verde
1 Handvoll	Pinienkerne, angeröstet
	Meeresfrüchte (z. B. Jakobsmuscheln, Krebse, Garnelen) nach Bedarf
1 Stück	Latteriakäse
1 Glas	Belica-Oliven
1 Körbchen	sonnengereifte Erdbeeren aus Fossalon
2	Minzblätter
	»Oval«, »Aranol«, »Barosso« (Seite 20ff.)

ZUBEREITUNG

Ich serviere zum mitgebrachten, köstlich perlenden Millesimato-Rosé-Sprudelwein wilden Hopfen aus Muggia, den ich kurz in der Pfanne im Gemüsesud andünste, darüber streue ich angebratene Pancettawürfel und geriebenen Ziegenprovolone aus Brescia. Auf den Radicchio und den Lollo Verde kommt ein Dressing aus »Aranol«, »Barosso« und eine Handvoll gerösteter Pinienkerne. Die Meeresfrüchte, in unserem Fall Garnelen und Jakobsmuscheln, sautiere ich für ein paar Minuten im Vanilleöl »Oval« auf mittlerer Flamme und lasse sie auf dem Teller nachziehen.

Zum Dessert gibt es Latteria-Käse aus dem Käseladen La Bonifica im nahen Fossalon und Belica-Oliven aus dem Karst sowie zweierlei von der Erdbeere.

Für diese drücke ich bei einer Hälfte der Erdbeeren nach dem vorsichtigen Entfernen der Stielansätze mit einem Zahnstocher in Streifen geschnittene Minzblätter und forme daraus essbare Stielhütchen. Die restlichen Erdbeeren schneide ich in klitzekleine Würfel, mariniere sie mit der »Barosso« zu einem erfrischenden Erdbeertartare, das sehr gut mit einem abschließenden Glas stoffigem Rotwein oder mit einem goldgelben Ramandolo-Süßwein harmoniert.

Frühstück mit der
Gradeser Queen of Crime
VON GRADO
NACH VENEDIG

TAG 04 — FRÜHSTÜCK MIT DER GRADESER QUEEN OF CRIME

SONNENAUF-GANG IM MEER

In frühmorgendlicher Dunkelheit mache ich mich auf in Richtung Strand, wo ich auf einer der vom Morgendunst überzogenen Strandliegen meine Kleidung ablege, ins angenehm kühle Wasser wate und im noch nachtschwarzen Meer dem Sonnenaufgang entgegenschwimme. Für ein paar Minuten lasse ich mich auf dem Rücken liegend in der sanften Dünung treiben, inhaliere mit tiefen Atemzügen die stimulierenden Aromen des Meeres.

Die ersten Strahlen der Sonne schicken ihren Glanz über die flachen Wellenkämme. Eine Möwe zieht still ihre Kreise über meinem Kopf. Die morgendliche Stille wird nur vom leisen Plätschern der auslaufenden Wellen unterbrochen.

Die eiskalte Stranddusche weckt unerbittlich die allerletzten Lebensgeister, die noch in irgendeinem Winkel meines Körpers dahindösen. An der Promenade klopfe ich mir den Sand von den Füßen ab. Ungeniert und schweigend sieht mir ein Gradeser Senior mit auf dem Rücken verschränkten Händen beim Schuhe-Anziehen zu, bevor er seinen Weg fortsetzt. Wir nicken uns im stillen Einvernehmen zum Abschied zu.

ERFRISCHENDES MORGENBAD MIT DEM ERWACHEN VON »IL SOLE«

BILD VORIGE SEITE: DIE ERSTEN SONNEN-STRAHLEN ÜBER DEM CAMPO PATRIARCA ELIA

Durch das erfrischende Meerbad putzmunter und bei bester Laune statte ich der Pescheria Lagunare, in der gerade die tagesfrische Lieferung auf Eis gelegt wird, einen Besuch ab.

Den ersten Ristretto mit Brioche genehmige ich mir in der bereits gut frequentierten Bomben-Bar (was für ein Name!), um mich anschließen auf den Weg zur kleinen Markthalle zu machen. Grado ist in dieser Beziehung äußerst eigenartig: Obwohl hier ganzjährig viele Gäste zur Zelebrierung des mediterranen Genusses absteigen, gibt es im Stadtkern leider keine klassischen Alimentari mehr.

Auf zu Grados allerletzter Delikatessen-Bastion!

Die Restaurants und Osterien bieten ausgezeichnete Küche an, Nepp-Lokale wird man hier nicht vorfinden und auch die Weinkultur wird hier hochgehalten. Aber seit Schließung des örtlichen Latteria-del-Carso-Ablegers am Eingang der Stadt und jener des Edel-Alimentari am Durchgang bei der Viale Regina Elena, das sogar mit einer Auswahl großer Bordeaux-Weine und einem unüberschaubaren Sortiment an feinsten Spezereien punkten konnte, tut sich in Grado seit vielen, vielen Jahren in Bezug auf Delikatessen nicht gerade viel.

Die Basics, die ich in der Markthalle nicht erstehen konnte, kaufe ich beim örtlichen Discounter, vor dem ich in einer Schlange stehend auf die Öffnung warte und dem gemächlichen Erwachen Grados zusehe.

COLAZIONE PER I CAMPIONI

Eine Stunde später ankern wir mit dem Luigi mitten im Nirgendwo der Lagune von Marano. Zu Gast an Bord ist keine Geringere als Grados Krimi-Königin Andrea Nagele mit ihrem Mann Günter. Auf dieses Wiedersehen habe ich mich besonders gefreut, da wir beide uns immer nur per Zufall über den Weg laufen, der Kontakt aber trotzdem nie ganz abreißt.

Bei einem opulenten Frühstück (Rezept siehe Seite 110) gepaart mit einem Gläschen Bollicine plaudern wir über Andreas neuesten Krimi-Output, der in Kürze auch in einem italienischen Verlag

TAG 04 — FRÜHSTÜCK MIT DER GRADESER QUEEN OF CRIME

erscheinen wird. Ihre Grado-Krimis rund um die Commissaria Degrassi gehören mittlerweile zum fixen Bestandteil eines Strandurlaubes an der nördlichen Adria. Mich interessiert vor allem ihr spannender Triest-Psychiatrie-Krimi »Sag mir, wen du hörst. Sag mir, wen du siehst. Sag mir, wer du bist«, den ich gestern in meiner Koje bis zum Ende verschlungen habe. Die Auswirkungen des Basaglia-Gesetzes, insbesondere auf Venedig und Triest, das die Schließung etlicher psychiatrischer Anstalten zur Folge hatte, ist ein Thema, mit dem ich im Rahmen meiner Venedig- und Triest-Recherchen immer wieder konfrontiert werde.

Meinetwegen könnte das entspannte Frühstück in der Lagune, bei dem mir Andrea geduldig meine Fragen beantwortet, den ganzen Tag dauern. Doch unsere nächste Etappe erreichen wir nur zeitgerecht, wenn wir die Gezeiten zu unserem Vorteil nutzen. Also setzen wir Andrea und Günter in der Nähe ihres Domizils ab und nehmen Kurs auf Venedig. Die Götter versprechen für den heutigen Tag ideales Wetter mit ausgiebigem Sonnenschein und mäßigem Wind. Für morgen werden allerdings Gewitter auf unserer Reiseroute prognostiziert, und bis dahin wollen wir sicher im Hafen von Sant'Elena, am östlichsten Zipfel Venedigs, vor Anker liegen.

HOHEITLICHE BORDVISITE VON DER GRADESER KRIMIKÖNIGIN ANDREA NAGELE UND IHREM MANN GÜNTER

LANDGANG NAHE GRADOS ALTEM HAFEN

Wirkliche Geheimtipps gibt es in Grado aufgrund der geografischen Vorgaben schon lange nicht mehr. Auch kulinarische Neueröffnungen halten sich im Rahmen. Das höchste der Gefühle ist eine feierliche Weitergabe des Familienbetriebes an die nächste Generation. Dafür kann sich Grado einer durchgehend überdurchschnittlichen Qualität in seinen zahlreichen Gastronomiebetrieben und Weinbars rühmen. Überdurchschnittliche Preise gepaart mit unterdurchschnittlicher Qualität sind hier nicht zu finden.

Für Grado-Ersttäter und Selbstversorger habe ich nachfolgend ein paar Adressen am bzw. in der Nähe des Porto Vecchio kompiliert, wo die Zeit seit Jahren stillzustehen scheint. Dies möge hoffentlich noch lange so bleiben.

RISTORANTE ALL'ANDRONA

Zu meinen Langzeit-Favoriten zählt das exquisite familiengeführte Ristorante in den schmalen Gassen der Altstadt, wo vom Boreto bis zum saisonalen Trüffel-Menü mediterrane Küche auf höchstem Niveau zelebriert wird und eine fantastische Weinauswahl auf hedonistische Gaumen wartet.

A Calle Porta Piccola 6
   34073 Grado
T +39 043 180 950
W androna.it

RISTORANTE DA OVIDIO

Im eher nüchternen Ristorante da Ovidio geht es dafür umso herzlicher zu und auch hier werken mehrere Generationen im Einklang und präsentieren klassische Lagunenküche, wie man sie nur in Grado bekommen kann.

A Via Marina 36
   34073 Grado
T +39 043 180 440
W ristorantedaovidio.com

TAG 04 ——— FRÜHSTÜCK MIT DER GRADESER QUEEN OF CRIME

DIE EHRWÜRDIGE TRATTORIA ALLA BORSA IST GRADOS UNKOMPLIZIERTESTER GENUSSTEMPEL

TRATTORIA ALLA BORSA

A Via Conte di Grado 1
34073 Grado
T +39 043 180 126
W trattorialaborsa.com

Ein Jahr älter als die benachbarte Pescheria Lagunare (Seite 101) ist diese urige Trattoria im Retrostyle schon immer die erste Anlaufstelle für den puren Gradeser Fischgenuss gewesen. Hippe Modernität und Chichi werden getrost anderen überlassen, dafür sind die Speisen üppig portioniert und die Stimmung harmonisch. Der Prosecco kommt im alla Borsa aus der Karaffe, Tagesgerichte werden mündlich empfohlen und wer Grado in seiner ursprünglichen Ausprägung erleben will, der ist hier bestens aufgehoben. Ehrenwort!

BAR BOMBEN

Grados Ganzjahres-Adresse für Early Birds. Täglich ab 7 Uhr werden hier duftender Kaffee gebrüht und ofenwarme Brioches verabreicht. Die wenigen Tische vor dem Lokal, mit Sicht auf den Porto Vecchio, sind heiß begehrt und eignen sich bestens zum Studium der lokalen Tageszeitung. Die Alltagsdramen der Gradeser bekommt man aus erster Hand und wer im hinteren Teil der institutionellen Lokalität einen Blick in die Torten-Crostata-Makronen-Vitrine wagt, der hat seine tägliche Schlacht gegen die Hüftgold-Armee schon verloren.

A Riva Camperio 10
   34073 Grado
T +39 0431 87 79 74
W barbombengrado.eatbu.com

SCHUPPEN-, KRUSTEN- UND WEICHTIERE IN HEIMISCHEN UND INTERNATIONALEN GEWÄSSERN

PASTICCERIA DOLCE STIL NOVO

Keine Ahnung wie viele ausgedehnte Herbstspaziergänge bis ins entfernte Pineta ich hier bei Caffè und Profiterole relaxierend habe ausklingen lassen. Das Dolce Stil Novo ist wieder so eine Frozen-in-Time-Anlaufstelle wo man Grado, gerade außerhalb der Saison, unverfälscht kennenlernen kann. Die kleinen Strudel, Crostati und Biscotti sind auf jeden Fall einen Abstecher wert und die Hausspezialität, fluffige Saint-Honoré, sollte man auf jeden Fall in diesem Leben einmal probiert haben.

A Via Zara 2
   34073 Grado
T +39 043 180 770

PESCHERIA LAGUNARE

Grados Vorzeige-Fischhandlung direkt am Porto Vecchio existiert bereits seit 1976 und wird auch gerne von verschiedenen Hotel- und Restaurantköchen frequentiert. Vom fangfrischen Anquilla (Aal), der sich im Aquarium räkelt, über cremigen Baccalà (Stockfischmus), pechschwarze Tintenfischtinte bis zum filetierten Lotte (Seeteufel) sind sämtliche Ingredienzen vorrätig, die man für ein am Urlaubsherd gezaubertes Fischmenü benötigt. Sonntags ist bis zur Mittagszeit geöffnet.

A Piazza XXVI Maggio 26
   34073 Grado
T +39 043 180 176

TAG 04 — FRÜHSTÜCK MIT DER GRADESER QUEEN OF CRIME

KURS AUF DIE SERENISSIMA

Das nur ein paar Seemeilen entfernte Lignano zu unserer Rechten lassen wir aus - Sie haben es sicher schon erraten - nautischen Gründen links liegen und verschieben kurzerhand unseren Besuch in Lignano auf den letzten Tag unserer Reise. Obwohl der Hafen von Lignano riesige Luxusyachten und Segelboote beherbergt, gegen die unser Luigi wie ein Staubkorn im marinen Protz-Universum wirkt, ist der Wasserstand an der Einmündung zum Hafen heute so niedrig, dass wir mit unserem Kiel aufsitzen würden. Ich lerne, dass auch große Häfen kleine Nadelöhr-Einfahrten haben. Wenn die Götter des Tidenhubs an Tagen wie diesen schlechter Laune sind, dann muss das Schiff eben im Hafen bzw. vor dem Hafen bleiben.

Das trübt unsere gute Laune nicht im Mindesten. Wir haben günstigen Wind, die Sonne strahlt vom wolkenlosen Firmament und zu unserem Segelglück fehlt nur die passende musikalische Untermalung, die ich heute aus einem einzigen Sommer, quasi meinem »Summer of '69«, zusammenstelle.

NUR WENIGE AUGENBLICKE SPÄTER BEGIBT SICH DIE SONNE VOR DER NORDEINFAHRT DER VENEZIANISCHEN LAGUNE MIT EINEM ÜBERIRDISCHEN FARBSPEKTAKEL ZUR NACHTRUHE UND DIE STERNE ZEIGEN UNS DEN WEITEREN KURS AN

»DANN WURDEN DIE SCHOTEN ANGEHOLT, DIE RAHEN GEHIEVT, UND DAS SCHIFF VERWANDELTE SICH IN EINE HOHE, VERLASSENE, WEISS UND RUNDUM GLÄNZENDE, DURCH DEN SONNENBESTRAHLTEN NEBEL GLEITENDE PYRAMIDE.«

JOSEPH CONRAD, 1898

TAG 04 — FRÜHSTÜCK MIT DER GRADESER QUEEN OF CRIME

IT WAS THE SUMMER OF '83

Im Sommer 1983 zählte ich unschuldige sechzehn Lenze und durfte das allererste Mal gemeinsam mit meinem älteren Bruder und unserer verschworenen Clique zwei Wochen ohne elterliche Aufsicht in Lignano Sabbiadoro verbringen.
Sonnige Strandtage, knallbunte Jeans von Fiorucci, picksüße Cocktails, Sonnenaufgänge am Spiaggia nach durchtanzten Nächten in den angesagten Italo-Großraum-Discos und natürlich die erste große Herzschmerz-Urlaubsliebe, die sich genauso eingebrannt hat wie der Soundtrack zu diesem endlos scheinenden Sommer.
In jeder Strandcafé-Musicbox erschallten gegen entsprechende Fütterung mit 100-Lire-Münzen unsere Sommerhits und selbst die NWOBHM (New Wave of British Heavy Metal)-Urväter Saxon besannen sich in diesem Jahr mit »Nightmare« auf sommerlich-softe Riffgewitter.

»Bollicine« Vasco Rossi
»I like Chopin« Gazebeo
»Dolce Vita« Ryan Paris
»Vamos a la playa« Righeira
»Sunshine Reggae« Laid Back
»Do it again meets Billie Jean« Club House
»Foreign Affair« Mike Oldfield
»Too Shy« Kajagoogoo
»Sweet Dreams« Eurythmics
»Temptation« Heaven 17
»Nobody's Diary« Yazoo
»Blue Monday« New Order
»Nightmare« Saxon

NICHTSTUN ZWISCHEN LIGNANO UND VENEDIG

Unsere heutige Etappe ist zwar an Seemeilen gemessen die mit Abstand längste, dafür aber der Traum eines jeden relaxten Urlaubsseglers. Hart am Wind zu kreuzen und den Urgewalten im Rahmen unserer bescheidenen Möglichkeiten zu trotzen wird an diesem Tag kein Thema sein. Die größte Herausforderung stellt heute das regelmäßige Auftragen unseres Sonnenschutzes dar sowie den Tiefenmesser im Blick zu behalten. Ansonsten lasse ich den Blick zwischen dem endlosen Horizont zu meiner Linken und die zu unserer Rechten auf unserem Kurs liegenden Badeorte Lignano, Bibione und Caorle schweifen. Ab und an werfe ich einen Blick durch den Feldstecher, um Details zwischen den Hotelbauten und Strandschirmen zu erhaschen oder um die wenigen, unseren Kurs kreuzenden Boote in Augenschein zu nehmen. Ich beobachte springende Fische, die sich frech an der Wasseroberfläche tummeln, und eine laut keppelnde Lachmöwe, die einer über uns kreisenden Artgenossin einen zappelnden Fisch streitig macht. Nur einmal ändern wir den Kurs, um ein leckes aufblasbares Schwimmfloß zu bergen, das Wolfgang im nächsten Hafen fachgerecht entsorgen wird.

MIT DER SCHIFFSGLOCKE WERDEN GEFAHRENSITUATIONEN SIGNALISIERT ODER DIE BORDZEIT VERKÜNDET. WER SICH BEIM BETRETEN DES LUIGI ALLERDINGS NICHT TIEF GENUG BÜCKT, ENTLOCKT DER GLOCKE AUCH MIT DEM EIGENEN KOPF INTERESSANTE TÖNE.

TAG 04 — FRÜHSTÜCK MIT DER GRADESER QUEEN OF CRIME

Die Opferung des Kaffeesudes in unserem Kielwasser dürfte die Meeresschutzengel milde gestimmt haben, und so segeln wir vom Autopiloten gesteuert mit unseren Büchern im Schoß dem Nachmittag entgegen. Ich mit dem ersten Teil von Andrea Giovenes »Autobiographie des Giuliano di Sansevero« und Wolfgang mit einem Buch über die k. u. k. Kriegsmarine, das den erhellenden Titel »Tauchfahrt in den Tod« trägt.

Zur Jause genehmigen wir uns einen in mundgerechte Stücke geschnittenen Presnitz, ein mit Nüssen und getrockneten Früchten gefüllter Blätterteigstrudel aus der Triestiner Pasticceria La Bomboniera (siehe Foto S. 75). Ansonsten bleibt die Küche kalt.

Im Gleichklang mit dem voranschreitenden Tag nimmt der Wind immer mehr ab. Ich übernehme das Steuer, während sich Wolfgang, auf der Decksbank ausgestreckt, eine kurze Auszeit gönnt, um fit für die abendliche Anlandung in der venezianischen Lagune zu sein.

Mit Autopilot gen Nachmittag

VON GRADO NACH VENEDIG

DIE SONNE VERABSCHIEDET SICH – NICHT BLUTIG ROT, WIE IN DER VON WOLFGANG AMBROS BESUNGENEN SUIZID-HAMDRAHER-BALLADE, SONDERN IN BIBLISCH ANMUTENDEN GOLDTÖNEN.

Bei einer Wassertiefe von 7,3 Metern segeln wir mit einer Geschwindigkeit von satten 8,7 Knoten. Zwischen Eraclea und der Einmündung des Piave nimmt das Meer aufgrund des einströmenden Flusses eine andere Farbe an und ist auch um einige Grade kälter.

Vereinzelte Wolken ziehen auf und unsere drei Wetter-Apps warnen unisono vor etwaigen abendlichen Gewittern rund um Venedig. Gewitter, die wir eigentlich erst für den morgigen Tag erwartet haben. Es kann also doch noch spannend werden …

Gegen 19 Uhr erreichen wir den Bademoloch Jesolo, der sich mit seinen wolkenkratzerartigen Hoteltürmen scheinbar endlos entlang der Küste erstreckt. Hinter der Skyline, in blaugraue Wolkengebilde gehüllt, verabschiedet sich die Sonne und taucht die Adria in fast schon biblisch anmutende opulente Goldtöne. Die majestätischen Lichtspiele sorgen in den nächsten Augenblicken für visuelle Gänsehaut und die Vorfreude auf unsere nahendes Tagesziel wird immer größer. Bei einer Tiefe von 5,5 Metern und einer Geschwindigkeit von einem Knoten, holen wir die Wäsche (also das Segel) vom Mast, werfen den Diesel an und motoren mit Kurs auf den blinkenden Faro di Punta Sabbioni.

Wie Kanonendonner explodierendes Bodenfeuerwerk, Stroboskop-Blitze und tanzbare Beats aus der Pineta di Marina di Venezia, Europas größtem Campingplatz, durchbrechen für ein paar Minuten die abendliche Stille.

Meine Lippen schmecken nach Salz, und bereits bevor wir die beiden Leuchttürme zwischen dem Lido und Punta Sabbioni passiert haben, wittere ich das unverkennbare Aroma der venezianischen Lagune. Venedig erschnuppere ich mittlerweile mit geschlossenen Augen.

Mystisches Wetterleuchten, ferner Donner und Windböen begleiten uns auf den letzten Metern unserer Fahrt. Wir passieren den MOSE-Damm, der Venedig schon mehrmals vor großen Fluten schützen konnte. Auf den massiven Betonwänden der Schleuseneinfahrten sind Sternbilder eingraviert, die in der Dunkelheit leuchten.

TAG 04 — FRÜHSTÜCK MIT DER GRADESER QUEEN OF CRIME

Ich darf unter Aufsicht meines erfahrenen Skippers am Steuer stehen und bin ganz hibbelig, da ich mich meiner Stadt noch nie auf diese Art genähert habe. Wolfgang lotst uns mit fast schlafwandlerischer Sicherheit durch das grün-rot ausgeleuchtete Labyrinth der Fahrrinnenmarkierungen und warnt zeitgerecht vor etwaigen Untiefen. In der Ferne erhasche ich bereits einen Blick auf die drei Campanile Venedigs. Das verkehrt herum ausgeführte Einfahrtsmanöver in die schmale Einfahrstelle der Marina bei Sant'Elena überlasse ich Kapitän Wolfgang, der das Manöver gleich beim ersten Versuch trotz anschiebender Flut bravourös meistert. Die nicht zu unterschätzende Schubkraft der 15 Tonnen unter unseren Füßen macht sich im Spiel der Gezeiten bis auf die letzten Meter bemerkbar.

In der Ferne erhasche ich bereits einen Blick auf die drei Campanile Venedigs.

Das drohend über Venedig hängende Gewitter kommt glücklicherweise nicht so richtig in Fahrt, verharrt auf dem nahen Festland hinter Mestre und Marghera, und so bleibt es beim Wetterleuchten, bevor der von Süden kommende Scirocco das Unwetter vertreibt und den Himmel bis zur absoluten Sternenklarheit reinpustet.

Mit den Resten unseres Grado-Frühstücks, die ich mir auf einen Teller gehäuft habe und an Deck mit den Fingern nasche, höre ich noch Sternenmusik vom 1983er-Album »Apollo: Atmosphere and Soundtracks« des Soundtüftlers Brian Eno. Wolfgang hat sich bereits in seine Kajüte zurückgezogen. Mich hält die Vorfreude auf den nächsten Tag noch für eine kurze Weile wach, bevor ich mich in meine Kajüte einkuschle und, entgegen meiner sonstigen Gepflogenheiten, nach wenigen Minuten in das Reich der traumlosen Schläfer hinüberwandere.

UNSER LUIGI UNTER DEM LICHT DER ERSTEN ZAGHAFTEN SONNENSTRAHLEN IN DER VENEZIANISCHEN MARINA »DIPORTO VELICO VENEZIANO«

TAG 04 — FRÜHSTÜCK MIT DER GRADESER QUEEN OF CRIME

COLAZIONE PER I CAMPIONI

Frühstück für Champions

---

100 g	Prosciutto Cotto al Rosmarino
100 g	Prosciutto di San Daniele
1	gelber Paprika
2	Karotten
200 g	Pecorini Nero di Sicilia mit schwarzem Pfeffer
je 1 Handvoll	rote und weiße Trauben
2	Pfirsiche
2	Bananen
1 kleines Körbchen	Erdbeeren
1 großer Becher	Joghurt mit Marillensaft nach Geschmack
1 Dose	Thunfisch in Olivenöl
3–4 EL	Obers
2–3 EL	Mayonnaise
2	hartgekochte Eier
2	Jungzwiebeln
6	Eier
6	Zucchiniblüten
	frische Brötchen
	»Mikochu«, »Rupifle«, »Milipe« (Seite 23ff.), Salz, Pfeffer

ZUBEREITUNG

Die beiden Prosciutto-Sorten auf Tellern auflegen und mit den in Julienne-Streifen geschnittenen Paprika und Karotten dekorativ belegen. Zum Pecorino ein Schälchen »Rupifle« reichen. Die Trauben halbieren, Pfirsiche würfeln, Bananen und Erdbeeren in Scheiben schneiden und anschließend die Früchte unter das mit Marillensaft verfeinerte Joghurt mischen.

Den Thunfisch mit Obers, Mayonnaise und den gewürfelten hartgekochten Eiern mit dem Stabmixer zu einer homogenen Paté mixen, nach Geschmack salzen und pfeffern und in Schälchen reichen.

Für die Fritatta die geviertelten Jungzwiebeln kurz in einer beschichteten Pfanne anbraten, herausnehmen und zur Seite stellen, aus den verquirlten Eiern ein Omelett in der beschichteten Pfanne backen, nach dem Wenden die Jungzwiebeln und die Zucchiniblüten zugeben und circa 2 Minuten mitbacken. Ein Schälchen »Mikochu« zum Omelette reichen. Dazu serviere ich »Milipe« mit Mineralwasser verdünnt in einem Limonadenkrug. Außerdem wird jedem Gast mindestens ein Glas (der Crew wiederum maximal ein Glas) Bollicine von Serafini & Vidotto eingeschenkt.

KULINARISCHE UNTERMALUNG FÜR UNSEREN
CHAMPIONESKEN BORD-FRÜHSTÜCKS-TRATSCH

TAG 05

Heimspiel

VENEDIG UND IL LIDO

… TAG 05 — HEIMSPIEL

BUONGIORNO SANT'ELENA

Am nächsten Morgen bin ich gleichzeitig mit der gerade über dem Lido aufgehenden Sonne an Deck und mache mich in Richtung der Waschräume auf, um eine endlose heiße Dusche zu genießen. Mit Wolfgang, der noch einige kleine Reparaturen am Boot zu erledigen hat, vereinbare ich einen Treffpunkt zur Mittagszeit, bevor ich mich im Schatten der Mauer des »Pierluigi Penzo«-Fußballstadions und der im Sonnenlicht reflektierenden bunten Häuserfassaden Sant'Elenas in Richtung Parco delle Rimembranze mache, wo ich mich im Gastgarten der Vincent Bar auf einen doppelten Espresso-Macchiato und zwei warme Vaniglia-Brioches niederlasse. Am Nebentisch parlieren drei venezianische Damen, die jeden zur Vaporetto-Station eilenden Morgenpendler mit Namen begrüßen.

Einige bleiben auf einen kurzen Caffè im Stehen, während die anderen mit zum Gruß erhobener Hand vorbeihasten, den Blick auf die digitalen Morgennotwendigkeiten ihrer Telefoninos gerichtet. Eine der resoluten Damen wettert, nachdem sie mich von oben bis unten abschätzend taxiert und als unbedenklich (weil kein Grätzelbewohner) eingestuft hat, über den seit gestern eingemieteten deutschen Sexualakrobaten, der mit seiner arroganten Frau und dem lauten Gestöhne die ganze Nachbarschaft wachhält. Je intimer die Details werden, desto mehr stecken die drei Damen ihre Köpfe zusammen. Bald ist nur mehr ein Tuscheln zu vernehmen.

Bald ist nur mehr ein Tuscheln zu vernehmen

Innerlich schmunzelnd schaue ich zum Bacino, wo die bis unters Dach mit Vierrädern und Menschen vollgepackte Lido-Autofähre mit dröhnendem Motor mehrmals vor Sant'Elena hin und her manövriert, ganz so als würde sie auf einer Sandbank aufsitzen – dabei scheint der Wasserstand in der Lagune auf normalem Level zu sein. Erst bei näherer Betrachtung bemerke ich die mit Kameras und Film-Technik beladenen Boote, die rund um die Fähre wuseln. Von der Filmcrew am Ufer erfahre ich, dass gerade eine Szene für die Netflix-Produktion »Lift« mit Kevin Hart abgedreht wird.

BILD VORIGE SEITE: STURMSICHERER VENEZIANISCHER ANKERPLATZ IM SCHATTEN DES STADIO PIER LUIGI PENZO

EINER MEINER
LIEBLINGSRÜCKZUGS-
ORTE AM RANDE
CASTELLOS

EIN WEITERER SALOMON AN BORD

Auf der Via Garibaldi treffe ich Elisabeth und Andrea, zwei ehemalige Schulkolleginnen, zu einem ausgedehnten Tratsch und einem Spaziergang durch die abgelegenen Ecken Castellos. Elisabeth ist ausgebildete Fremdenführerin und regelmäßig mit Andrea auf Stippvisite in Venedig. Unsere Freundschaft hält sich seit fast einem halben Jahrhundert.

Während die Via Garibaldi bereits voller Leben ist und uns ungeschönt das Schauspiel einer der letzten authentischen Bastionen Venedigs bietet, spazieren wir zum niedrigsten Durchgang Venedigs, dem Sotoportego Zurlin, vor dem sich jeder Passierende demutsvoll verneigen muss, ob es ihm nun passt oder nicht. Auf der Isola di San Pietro di Castello machen wir einen Abstecher in die Basilika zu dem mit geheimnisvollen Schriftzeichen übersäten Petrusstuhl, den ich natürlich, ob seiner magischen Aura und des ausdrücklichen Verbots, bei jedem meiner Besuche klammheimlich berühre.

TAG 05 — HEIMSPIEL

NUR WENIGE GEHMINUTEN VON UNSEREM ANKERPLATZ ENTFERNT, LÄDT DAS UNVERFÄLSCHTE VENEDIG AM CANALE DI SAN PIETRO ZUM VERWEILEN EIN.

An der Fondamenta Riello treffen wir auf den Kajakguide Giovanni, der gerade mit einer kleinen Gruppe durch den schmalen Rielo de San Daniel paddelt. Mit den Profis von Venice Kayak verbinden mich unauslöschliche Erinnerungen an meine allererste Tour mit einem Kajak durch die Laguna Morta.

Nach einem Gelato im La Mela Verde an der Fondamenta de l'Osmarin, Wolfgang hat sich uns in der Zwischenzeit angeschlossen, statten wir der Libreria Acqua Alta einen Besuch ab. Die sich über den Hof erstreckende tik-tokende Insta-Schlange

»UND DANN MUSS MAN JA AUCH NOCH ZEIT HABEN, EINFACH DAZUSITZEN UND VOR SICH HINZUSCHAUEN.«

ASTRID LINDGREN, 1964

VENEDIG UND IL LIDO

vor unserer Lieblingsbuchhandlung umgehen wir durch den kleinen Nebeneingang in der schmalen Seitencalle. Ich erstehe einen schmalen Band über Ursprung, Geschichte und Toponomastik der jungen venezianischen Insel Sacca Fisola, eine detaillierte Abhandlung über die historischen Reibungspunkte Venedigs und Albaniens sowie einen vergriffenen Spezialreiseführer durch die nördlichen Teile der Lagune. Mit den Schätzen in meiner Tasche verabschiede ich mich in Richtung Marina, während Elisabeth, Andrea und Wolfgang noch weiter auf Erkundungstour gehen.

An Bord bereite ich mir Pasta auf indische Art (Rezept Seite 128) und einen Krug *Milipe*-Limonade zu, die ich in meinen Büchern blätternd an Deck schlürfe, bevor ich mit dem Vaporetto in Richtung Lido aufbreche. Den Nachmittag verbringe ich badend, lesend, spazierend und die Seele baumeln lassend auf dem Lido.

Meine Runde führt mich über den endlosen Strand, wo ich barfuß, mit den Füßen im knöcheltiefen Wasser, bis zum Grand Hotel Excelsior flaniere. Mit irisch-folkigen See-Herzschmerz-Balladen der Waterboys im Ohr ... *and I know I will be loosened from the bonds that hold me fast, and the chains all around me, will fall away at last* ..., genehmige ich mir noch eine Erdbeer-Crostata und einen Koffein-Kick in der Pasticceria Caldara Andrea auf der Via Sandro Gallo und fühle mich inmitten der schwatzenden Lidensi, als wäre ich gerade heimgekommen.

AUF DEM WEG ZUM GEHEIMNISVOLLEN PETRUSSTUHL UND DEM EHEMALIGEN SITZ DES VENEZIANISCHEN PATRIARCHEN ÜBER DIE PONTE SAN PIETRO

TAG 05 ── HEIMSPIEL ──

»TRE OMBRE PER FAVORE«

An der Riva di Corinto lasse ich den Blick, mit den Füßen knapp über dem grünen Wasser baumelnd, über Lazzaretto Vecchio mit seinen bellenden Hunden und das am Horizont in der Sonne glitzernde Venedig schweifen. Der örtliche Ruderclub trainiert an der Fahrrinne und ein Taxiboot bringt schöne Menschen, die nur Augen für ihre Telefoninos haben und blind für die sie umgebende Schönheit sind, zum Anleger des mondänen Grand Hotels.

Auf dem Retourweg zur Bootsanlegestelle an der Gran Viale Santa Maria Elisabetta besuche ich noch die Libreria Lidolibri, wo ich wieder fündig werde und eine brandneue Graphic Novel von Ecos »Il nome della Rosa« und einen Bildband über die nach dem Grande Guerra auf dem Lido hinterlassenen Spuren entdecke. In der hintersten Ecke des Ladens, im kleinen Fach mit den antiquarischen Preziosen, fällt mir Mark Shands & Don McCullins »Skulduggery« in die Hände. Ein ebenso begehrtes wie vergriffenes Werk über die abenteuerliche Reise zweier spleeniger Briten zu den Kannibalen-Stämmen von Neuguinea. Diese mit einem für heutige Maßstäbe völlig unkorrekten Humor gespickte Buch, wirkt wie ein Schlag in die Fresse und liest sich wie eine Blaupause für das italienische 1980er Jahre-Kannibalen-Exploitation-Kino. Ein vergessenes Subgenre des italienischen Kinos, das ich schon seit Jahren erforsche. Ein Schatz für meine Bibliothek des Abseitigen!

Es fühlt sich an wie Heimkommen

DIE EINZIGARTIGEN SKULPTUREN DES AUTODIDAKTEN BRUNO CATALANO SIND VON UNBEKANNTEN REISEZIELEN INSPIRIERT

TAG 05 ——————————————————————————————— HEIMSPIEL —

Mit dem Vaporetto setze ich – Lorenzo Quinns gigantische Hände passierend – vom Lido zur Fondamenta Nove über, wo noch eine allerletzte Adresse meiner literarischen Trüffelsuche auf der To-do-Liste steht.

**THE WATERBOYS.
THE BIG MUSIC**

»A long Way to the Light«, 2005
»Fisherman's Blues«, 1988
»A Bang on the Ear«, 1989
»The Whole of the Moon«, 1985
»Song from the End of the World«, 1990
»How long will I Love you«, 1990
»Trumpets«, 1985
»Church not made by Hands«, 1984
»Strange Boat«, 1988
»This is the Sea«, 1985

In der Libreria Miracoli treffe ich kurz vor Ladenschluss ein (siehe auch Seite 126). Der Besitzer tratscht vor dem Geschäftsportal inmitten der mit Büchern prall gefüllten Kartons mit einer Nachbarin. So habe ich noch genügend Zeit, in diesem wundervollen, nach altem Papier duftenden Sammelsurium aus vergilbten Drucken, historischen Postkarten, abgegriffenen Fumetti (Comics) und historischen Büchern aus dem letzten und vorletzten Jahrhundert zu stöbern.

VENEDIG UND IL LIDO — 121

EINDRUCKSVOLLE ANSICHTEN VOM LUIGI AUS: BUILDING BRIDGES DES ITALIENISCHEN KÜNSTLERS LORENZO QUINN UND DER TORRE DELL' ARSENALE

TAG 05 ─── HEIMSPIEL ─

Bald werde ich fündig und erstehe eine handliche Werksmonographie über »Die Freiheit auf den Barrikaden des französischen Revolutionsmalers Eugène Delacroix« in deutscher Sprache sowie ein äußerst rares Büchlein über die Architektur der Cavana di San Giacomo in Paludo, einer verlassenen Insel zwischen Murano und Burano, die ich schon öfter besuchen durfte. Als literarischer Volltreffer entpuppt sich allerdings ein kommentiertes viktorianisches Tagebuch eines kauzigen, homosexuellen Kunstliebhabers und Tory-Gentlemans, der von April 1849 bis Juli 1850 in Venedig lebte.

Meine literarische Trüffelsuche wird mit diesem Büchlein auf das Wunderbarste belohnt. Einige Motive erinnern an die erst viel später verfasste Novelle »Tod in Venedig« von Thomas Mann. Das Original des nachgedruckten Tagebuches »Leaves from a victorian diary« stammt wiederum aus dem Nachlass eines ehe-

BLUTROTER SONNENUNTERGANG ÜBER SANT'ELENA

maligen britischen Geheimagenten, der bis zu seinem Ableben 1960 im Palazzo Foscarini ai Carmini lebte.

Der zwischen Triest, Venedig und Wien pendelnde Verfasser erlebte die nervenaufreibende Bombardierung der Serenissima durch das österreichische Heer während der italienischen Unabhängigkeitskriege unter Mazzini und Garibaldi, während sein junger Liebhaber Opfer der in London grassierenden Cholera-Epidemie wurde.

Wie immer bekomme ich beim Zahlen ungefragt einen kleinen Rabatt und merke, auf die gebrauchten Brunetti-Krimis auf dem Büchertisch zeigend, nebenbei an, dass die Libreria Miracoli im aktuellen Brunetti-Fall als wichtiger Schauplatz fungiert. Der Besitzer quittiert das mit einem kurzen Anheben seiner Augenbrauen, ein fast unmerkliches Zeichen seines Stolzes.

> »ICH VERABSCHEUE WIEN UND SEIN KLIMA, UND DER LÄRM DER KUTSCHEN MACHT MICH WAHNSINNIG. DIE RUHE VON VENEDIG VERDECKT EINE VIELZAHL VON SÜNDEN.«
>
> EDWARD LEEVES

TAG 05 — HEIMSPIEL

EIN NEUZUGANG AUF DEM LUIGI

Am späten Nachmittag lerne ich unseren neuen Mitreisenden Reini Salomon kennen, der noch einige Praxisstunden für seine Segelschein-Prüfung benötigt. Somit gibt es an Bord zwei Wolfgangs und zwei Salomons und trotzdem sind wir nur zu dritt.

Tausendsassa Wolfgang muss noch vor Sonnenuntergang in schwindelerregender Höhe von 19,8 Metern die defekte Signallampe an der Spitze des in der Dünung leicht schwankenden Mastes austauschen. »Gibt es eigentlich etwas auf dieser Welt, was Wolfgang nicht kann?«, fragen wir uns, während wir ihn bei diesem Stunt-Act mit Hilfe von Seilen und Winden sichern.

Den Abend lassen wir kochend, lesend und diskutierend bei Salsiccia-Steak mit Kartoffelcreme (Rezept siehe Seite 129) und einem von Reini mit an Bord gebrachten Blaufränker der Gamlitzer Domaine Wolf ausklingen. Nachdem wir die Pläne für unsere morgige Lagunenfahrt geschmiedet haben, greift Wolfgang noch in die Saiten der Gitarre, um uns mit Wandas Tante Ceccarelli und Bowies »*... Ground Control to Major Tom, take your protein pills and put your helmet on ...*« auf die nötige Bettschwere einzustimmen. Der Tag war lang, die abendliche Schwüle über der Lagune zieht sich bis in meine Koje, wo ich den heute auf dem Lido erstandenen »Skulduggery«-Reisebericht verschlinge. Nach dem vierten Kapitel werden die Augen müder, kleiner und fallen schließlich ganz zu. Ich träume von Kopfjägern, im Schlamm stecken gebliebenen Kanus, monströsen Krokodilen und Kannibalen.

SOBALD SICH EIN FOTOMOTIV ANBIETET, IST WOLFGANG BEREITS IN SCHWINDELNDE HÖHEN ENTSCHWUNDEN

LANDGANG ─── 125

LANDGANG IN VENEDIG

ERLESENES IN DER WASSERSTADT

Für seelische und geistige Nahrung sorgen in den verschiedenen Sestiere die poetischen Schatzinseln Venedigs. In jeder Libreria wird ein charaktervolles, eigenständiges und fast immer mehrsprachiges Sortiment angeboten. Wer sich hier auf literarische Trüffelsuche begibt, wird garantiert fündig.

KULINARISCHE LABSTELLEN FÜR DEN SCHNELLEN GENUSS IM STEHEN

Essenzielle Anlaufstellen für (Durch)Reisende, wo man ohne Reservierung, ganz unkompliziert und trotzdem *slow* eine authentisch-venezianische Cicchetti-, Spritz- oder Gelato-Stehpause unweit der Buchhandlungen einlegen kann.

LIBRERIA ACQUA ALTA

Venedigs meistbesuchte und stimmungsvollste Buchhandlung. Eine Gondel voll Bücher, tonnenweise Neues und Altes sowie eine kompetentes Verkaufsteam machen jeden Besuch zu einem unvergesslichen Erlebnis. Wer die Menschenschlangen der tik-tokenden Instagrammer, die einzig für einen Selfie-Abstecher in diesem pittoresken Sammelsurium aufschlagen, vermeiden will, kann die Libreria auch über den versteckten Seiteneingang betreten.

A Calle Lunga Santa
   Maria Formosa 5176b
   Castello, 30122 Venezia
T +39 041 296 08 41

PILGERSTÄTTE FÜR BUCHLIEBHABER MIT EINZIGARTIGEM FLAIR

TAG 05 — HEIMSPIEL

LA MELA VERDE

Kleine Take-away-Gelateria, unweit der Libreria Acqua Alta, die sich mittlerweile zur institutionellen Anlaufstelle für Gelato-Aficionados aus aller Welt gemausert hat. Im reichhaltigen Angebot finden sich Granité, Smoothies und außergewöhnlich schmackhafte Eiscreme aus hochwertigen Zutaten, wie etwa das samtig-cremige Pistacchio di Bronte oder das sonnige Pfirsich-Sorbetto.

A Fondamenta de l'Osmarin 4977A
   Castello, 30122 Venezia
T +39 349 195 79 24

BACARETO DA LELE

Nach einem Besuch in der Libreria Mare di Carte bietet sich dieses stets proppenvolle Kleinod und Urgestein der Bacaro-Szene für eine schnelle Cicchetti-Pause an. Egal ob Winter oder Sommer, der Platz vor dem winzig kleinen da Lele ist stets mit dutzenden Gästen gefüllt, die ihren Ombra und Baccala bei einem kleinen Tratsch im Stehen genießen. Die Schnelligkeit des da-Lele-Teams ist selbst bei größtem Andrang verblüffend und die Qualität des Sortiments sowieso über jeden Zweifel erhaben.

A Fondamenta de Tolentini 183
   Santa Croce, 30135 Venezia
T +39 347 846 97 28

LIBRERIA MIRACOLI

Die altehrwürdige Libreria Miracoli in Sichtweite der pittoresken Chiesa di Santa Maria dei Miracoli zählt seit Dekaden zu einer meiner ersten Anlaufstellen in Sachen literarischer Schätze, die es noch zu heben gilt. Quasi die Light-Version der Libreria Acqua Alta. Glücklicherweise noch nicht von der Social-Media-Generation entdeckt und nach wie vor gezielt von Buchliebhabern angesteuert, die die vorhandenen Schätze zu würdigen wissen.

A Campo Santa Maria Nova 6062
   Cannaregio, 30121 Venezia
T +39 041 523 40 60

NUR IN DEN FRÜHEN MORGENSTUNDEN FINDET MAN DAS INSTITUTIONELLE, STETS GUT BESUCHTE »DA LELE« VERWAIST VOR

MILAN BAR

Caffè, Spritz und Tramezzini mit Blick auf das quirlige Treiben rund um den Campo San Canzian lassen sich nach einer Visite in der Libreria Miracoli am gemütlichsten in der unspektakulärsten Aperitivo-Bar Cannaregios genießen. In der Milan Bar, einem der wenigen Nachbarschaftstreffpunkte des Sestieres, wird man vergeblich nach den neuesten Trends oder hippen Modegetränken suchen. Dafür ist der Authentizitäts- und Wohlfühlfaktor an der Bar sehr hoch.

A Campo San Canzian 6032/6044
   Cannaregio, 30121 Venezia
T +39 041 520 14 18

MUSEO STORICO NAVALE

Im Schifffahrtsmuseum auf der Höhe des Arsenales kann man auf mehreren Stockwerken die Geschichte Venedigs in Verbindung mit der Schifffahrt bestaunen. Detailliert nachgebaute Bootsmodelle, verspielte Dioramen, reichlich gemaltes und fotografisches Bildmaterial vermitteln den Bezug zwischen Venedig und dem allgegenwärtigen Wasser. Bunt bemalte und reichlich verzierte exotische Segelschiffe, historische Speedboote und sogar ein begehbares U-Boot sind im hinteren Teil des Museos ausgestellt, den man nur über einen separat liegenden Eingang besuchen kann.

A Riva San Biasio 2148
   Castello, 30122 Venezia
T +39 041 244 13 99
W www.marina.difensa.it

LIBRERIA MARE DI CARTE

Nur ein paar Gehminuten vom Bahnhof entfernt befindet sich Venedigs nautischste Buchhandlung. Im Mare di Carte stapelt sich Fachliteratur für Segler und Lagunenliebhaber. Vom lokalen Vogelbeobachtungs-Kompendium bis zum bibliophilen Survival-Guide, der fachmännisch erklärt, wie man zwischen den Inseln der Lagune überlebt, finden bootsaffine Venedig-Nerds alles, was man über die Schönheiten, Tücken und Eigenheiten der Serenissima wissen muss. Mittlerweile gibt es sogar eine hauseigene App mit Seekarten der venezianischen Lagune. Im August ist die Libreria nachmittags geschlossen, da die Besitzerin mit ihrem eigenen Boot aufs Wasser entschwindet.

A Fondamenta dei Tolentini 222
   Santa Croce, 30135 Venezia
T +39 041 71 63 04
W maredicarta.com

LIBRERIA LIDOLIBRI

Kleine, aber umso feinere Buchhandlung, die nur ein paar Meter von der Vaporetto-Anlegestelle entfernt liegt. Neben den Gassenhauern der italienischen Beststellerlisten liegen im Lidolibri auch einige interessante Werke über die Historie des Lido und Venedigbücher von Kleinverlagen auf, die man sonst nirgendwo finden kann.

A Via Isola di Cerigo 3
   Lido di Venezia, 30100 Venezia
T +39 041 526 58 08

TAG 05 — HEIMSPIEL

FUSILLI ALL'INDIANA

1	kleine Melanzani, in Würfel geschnitten
300 g	Fusilli
1	Chilischote aus Kalabrien
1 TL	Chat Masala (indische Gewürzmischung)
50 g	Pecorino Nero »Oval«, »Mikochu«, »Milipe« (Seite 20ff.), Salz, Pfeffer

ZUBEREITUNG

Die gewürfelte Melanzani für knapp 10 Minuten in Salzwasser einlegen, damit die Bitterstoffe entzogen werden. Abtropfen lassen, und während die Fusilli in Salzwasser kochen, die Melanzani-Würfel in *Vanol* bei großer Hitze anbraten. Mit Chat Masala, die es in jedem Asia- und Indien-Shop oder im gut sortierten Supermarkt fix und fertig zu kaufen gibt, würzen und unter die abgeseihten Fusilli heben. In die Mitte einen Löffel »Mikochu« platzieren und die Pasta mit der in schmale Streifen geschnittenen Chilischote garnieren. Geriebenen Pecorino darüberstreuen und nach Bedarf pfeffern.

Dieses Gericht schmeckt gepimpt mit etwas »Aranol« und ein paar Blättern Rucola auch am nächsten Tag vorzüglich als kalter Pasta-Salat.

SALSICCIA-STEAKS IN WEISSWEIN MIT ROTEN TRAUBEN UND KARTOFFELCREME

4	Salsiccia fresca
½ kg	Kartoffel
1	gelber Paprika
⅛ l	Obers
4 EL	geriebener Parmigiano
⅛ l	Weißwein
1 Handvoll	rote, kernlose Trauben
	»Zuve« (Seite 26), Salz, Pfeffer

ZUBEREITUNG

Die Salsiccia-Würste der Länge nach einschneiden, aufklappen, mit der Hand flachdrücken und beiseitestellen. Die geschälten Kartoffeln würfeln und in mit »Zuve« aufgepepptem Gemüsesud garkochen. Währenddessen den in Streifen geschnittenen Paprika in einer beschichteten Pfanne (oder Grillpfanne) so lange grillen und regelmäßig wenden, bis die Haut schwarze Blasen wirft. Die gegrillten und vorsichtig enthäuteten Paprikastreifen in kleine Stücke schneiden und unter die abgeseihten Kartoffeln mischen. Obers zugießen, und den Parmigiano auf kleiner Flamme einrühren, gegebenenfalls mit etwas »Zuve« verdünnen, bis die Kartoffelcreme die gewünschte Konsistenz hat.

Jetzt die Salsiccia beidseitig scharf anbraten, nach dem Wenden mit Weißwein ablöschen und die halbierten roten Trauben in die Pfanne geben. Für ein paar Minuten einkochen lassen. Die Salsiccia mit Weißwein-Trauben-Sauce und der Kartoffelcreme servieren.

Die Reste der Kartoffelcreme ergeben am nächsten Tag mit etwas Olivenöl vermengt einen erfrischenden Brotaufstrich für unterwegs.

TAG 06

Inselgeflüster
LAGUNA MORTA
E LAGUNA SUD

TAG 06 — INSELGEFLÜSTER

DER RETTENDE ZEIGEFINGER

Mit unserem Dingi, dem Beiboot, wollen wir dem vis-à-vis der Marina liegenden verlassenen Forte auf Sant'Andrea einen Besuch abstatten, was natürlich einiges an Vorarbeit erfordert. Der schwere Außenborder muss mittels Seilwinden über Bord gehoben und auf dem schwankenden Dingi montiert werden. Natürlich braucht es auch mehrere schweißtreibende Versuche, bis der Motor in Fahrt kommt, und nachdem wir Kameraausrüstung, Proviant, Gelsenmittel schlussendlich an Bord verstaut haben, setzen wir zu der nur ein paar hundert Meter entfernten Isola über. Da wir auf unserem Weg die Fahrrinne der Linienboote, der Seelenfänger, die Tagestouristen für exorbitante Preise durch die Lagune befördern, sowie der zahlreichen Transportboote, die täglich alles Lebensnotwendige für die Stadt auf dem Wasserweg transportieren, kreuzen, müssen wir Obacht geben, um nicht versehentlich versenkt zu werden.

Bei Sant'Andrea gibt es nur mehr Reste einer ehemaligen Anlegestelle. Bei meinen früheren Besuchen musste ich mich von einem schwankenden Boot auf die mit Holzsplittern gespickte Mole ziehen. Die verrosteten, scharfkantigen Überbleibsel einer Metallleiter, an der wir festmachen wollen, bohren sich in den Bug des Dingis, als uns das Kielwasser eines vorbeifahrenden Fischerbootes gegen die Mole drückt. Das rasiermesserscharfe Metall reißt ein fingerdickes Loch in die Bordwand unseres Schlauchis und ich versuche mit meinem rechten Zeigefinger es notdürftig zu verschließen.

Der geplante Abstecher nach Sant'Andrea fällt gerade buchstäblich ins Wasser: Umgehend machen wir uns auf den Rückweg in die Marina, während die Luft pfeifend aus dem Bug entweicht und unser Boot immer mehr Schlagseite bekommt. Mit meinem tief in die zerrissene Bordwand gebohrten Zeigefinger und einem der surrealen Situation geschuldeten verzweifelten Lachen auf den Lippen schaukeln wir über die Wellen.

BILD VORIGE SEITE:
LUNA PIENA
(VOLLMOND) ÜBER
MALAMOCCO

SMUTJE WOLFGANG IM DINGI VOR SANT'ARIANO

Die Vorstellung mit über Kopf gehaltener Kameratasche mit Mann und Maus, in diesem Fall mit Wolfgang und Reini, auf einer der meistfrequentierten Wasserstraßen der Serenissima unterzugehen, entbehrt nicht einer gewissen Komik.

Erst in der Marina erklärt mir Kapitän Wolfgang, dass unser Dingi über mehrere Luftkammern verfügt und somit ein komplettes Untergehen so gut wie unmöglich sei. Desillusioniert ziehe ich meinen lebensrettenden Zeigefinger aus dem Leck und wir machen uns ans Flicken der aufgerissenen Bootshaut. Da gut Ding Weile bzw. eine frisch verarztete Bootshaut Zeit zum Trocknen braucht, hieven wir das Dingi wieder an Deck, nachdem wir den schweren Motor mittels Deckwinden an Bord verstaut haben.

Voll Tatendrang in die Laguna Morta

Um den prächtigen Tag trotzdem zu nutzen, beschließen wir kurzerhand, mit dem Luigi in die nördliche Laguna Morta raufzufahren und vor der legendenumrankten Ossariumsinsel Sant'Ariano vor Anker zu gehen.

TAG 06 — INSELGEFLÜSTER

Gesagt, getan. Ich platziere mich, gleich einer Galionsfigur, mit meiner Kamera am Bug, und schon eine halbe Stunde später haben wir Murano passiert und motoren vorbei an der Isola San Giacomo in Paludo. Voll Grauen erinnere ich mich an meinen letzten Besuch auf der verlassenen Insel. Ich musste mich, nachdem die inselansässigen Schlangen für einige Gänsehautmomente sorgten, auf die Umfriedungsmauer retten (wer mehr dazu lesen möchte, wird in »Venedig für Fortgeschrittene« fündig werden).

Über den Mazzorbo-Kanal, vorbei an Torcello, erreichen wir Sant'Ariano. Erfolgreich und ohne weitere Probleme landen wir mit dem frisch geklebten Schlauchi an und absolvieren einen Rundgang zu den versteckten Fundamenten des ehemaligen Klosters sowie über den mit Menschenknochen übersäten Strand. Im Anschluss an den schweißtreibenden Marsch durch brusthohes Gras und Sumpflandschaft nehmen wir ein Bad in der trägen Laguna Morta und dösen in der Stille dieses abgelegenen Lagunenteils an Deck vor uns hin. Lassen die Zeit ganz einfach Zeit sein.

Die Zeit einfach Zeit sein lassen

BESCHAULICHE TAGESAUSKLANGSSTIMMUNG MIT BLICK AUF TORCELLO IN DER LAGUNA MORTA

In meinem Player laufen verrauschte, knisternde Tonbandaufnahmen mit dem Titel »Okkulte Stimmen, mediale Musik«. In dem bebilderten Begleit-Booklet blätternd erfahre ich Wissenswertes und Faszinierendes über paranormale Musik, Seancen und Geisterbeschwörungen, Spukphänomene, Klopfgeister, lausche unheimlichen Stimmen Besessener und gutturalen Zaubergesängen von Amazonas-Naturvölkern sowie den Weissagungen einer gewissen Aloisia Schinkenmaier, die in einem, für den Rest der Menschheit unverständlichen, monoton anklagenden Sing-Sang über die Geschicke der Welt aufklärt. Die schmeichelnden Kompositionen des Mediums Rosemary Brown, die sie aus dem Jenseits empfangen und trotz fehlender musikalischer Fertigkeit selbst auf dem Klavier gespielt und aufgenommen hat, verblüffen mich am allermeisten.

UN GIORNO IN LAGUNA MIT ANTONELLO VENDITTI

»Cosa avevi in mente«, 2015
»Dalle pelle al cuore«, 2007
»Alta marea«, 1991
»Che Fantastica Storia È la Vita«, 2003
»Torino«, 1982
»Benvenuto in Paradiso«, 1991
»Raggio di luna«, 1991
»Regali di Natale«, 2007
»Goodbye Novecento«, 1999
»Dimmelo Tu Cos'è«, 1982

POP-UP
AUF MURANO

Nachdem wir ausreichend träge in der Sonne gebrutzelt haben, ich mich an Geisterstimmen aus dem Äther, Fremdkompositionen per Seelenübertragung und Schamanenbeschwörungen aus dem Amazonas sattgehört habe und ein weiter Weg zu unserem heutigen Ziel, der Insel Poveglia, vor uns liegt, holen wir am Nachmittag den Anker ein. Zuerst nehmen wir Kurs auf Murano, wo wir längsseits der Fondamenta Antonio Colleoni vor Anker gehen. Reini und Wolfgang machen sich auf den Weg in den Supermarkt, um Überlebensnotwendiges sowie ein paar Flaschen Castello-Bier zu besorgen, während ich die Luken der Kombüse öffne, einen Live-Mitschnitt von Antonello Vendittis »Tortuga un giorno in Paradiso« durch die Boxen jage und an der Mole einen Aufklapptisch für unser Abendmahl eindecke. Es duftet so verführerisch nach Polpo in Umido, dass die hier zufällig vorbeikommenden Muraneser stehen bleiben und sich neugierig erkundigen, ob hier ein neues Lokal im Entstehen ist. Von einer hilfsbereiten Anwohnerin, die von ihrem Fenster aus mein Tun beobachtet, werde ich sogar mit Eiswürfeln versorgt.

Binnen kürzester Zeit ist in unserem Pop-up-Lokal auf der Mole alles fix und fertig angerichtet, und ich serviere zum gut gekühlten Ribolla Gialla ein Oktopus-Carpaccio sowie klassisch venezianischen Oktopus in Umido mit den Resten der vom Vortag stammenden Kartoffelcreme (Rezept siehe Seite 129). Die Schatten auf Murano werden immer länger, während sich der Tag seinem letzten Drittel zuneigt. Funfact: Eines der vor Ort geschossenen Fotos für dieses improvisierte Kulinarik-Event wurde für das Cover meines Reiseverführers »Genießen in Venedig« verwendet.

LUKULLISCHE
ABENDMAHL-
IMPROVISATION
AUF MURANO

TAG 06 — INSELGEFLÜSTER

EINE NACHT IM SCHATTEN DER GEISTERINSEL

Durch den dichten Bootsverkehr rund um Murano, vorbei an der Friedhofsinsel San Michele, schippern wir entlang der Fondamenta Nove und nehmen Kurs auf den Lido. Die der Lagune zugewandten Fassaden der Lido-Skyline erstrahlen im Licht der über Marghera blutrot untergehenden Sonne. Unsere Umgebung wird von der in unglaublichen Farben reflektierenden Sonnenscheibe für ein paar wenige Minuten in magisches Licht getaucht, bevor Il Sole endgültig hinter Marghera versinkt und La Luna weicht. Wir passieren die armenische Klosterinsel San Lazzaro degli Armeni mit ihrem Byron-Hügel. Hinter den trutzigen Mauern Lazzaretto Vecchios ist noch immer Hundegebell zu vernehmen, und an der Stelle auf der Riva di Corinto, wo ich noch vor wenigen Stunden eine kontemplative Pause eingelegt habe, sitzt engumschlungen ein Paar.

Hundsgebell hinter trutzigen Mauern

An der Südwest Seite von Poveglia gehen wir vor Anker. Der hinter dem Campanile Malamoccos aufsteigende Vollmond, der die halbverfallenen Gebäude und den Glockenturm in gespenstisch blaues Licht taucht, begleitet unser Manöver. Die heute vorherrschende Strömung zwingt uns, noch ein weiteres Mal den Anker umzulegen, bis der Luigi seine ideale Position für seine und unsere Nachtruhe gefunden hat.

Mit den zum venezianischen Allgemeingut zählenden Geister- und Spukgeschichten über Poveglia im Kopf sitze ich noch bis nach Mitternacht an Deck und verliere mich in den unzähligen Sternenbildern über dem wolkenlosen Nachthimmel. Die Strömung zerrt an unserem gut vertäuten Schiff und entlockt dem Luigi ein sanftes Ächzen, das mich heute in den Schlaf singt.

BIBLISCHE WOLKEN UND GEISTERHAFTE RUHE
ÜBER DER ISOLA DI FANTASMI E MISTERI

POVEGLIA UND ICH

Bereits im 9. Jahrhundert diente die Insel Poveglia als Befestigungsanlage gegen einfallende feindliche Schiffe aus dem südlichen Teil der Lagune. Die Gebeine von tausenden Pestopfern wurden im Lauf der Jahrhunderte auf der Insel bestattet. Poveglia wurde aber auch als Pulverdepot genutzt, zu einer temporären Lazarett-Insel umfunktioniert und beherbergte in seiner wechselhaften Geschichte auch ein Manicomio, eine »Irrenanstalt« inklusive mordendem Irrenarzt, der an seinen Patienten her-

TAG 06 — INSELGEFLÜSTER

BEREITS DAS ANLANDEN AUF POVEGLIA ÜBER DIE MIT MUSCHELN UND SEEGRAS ÜBERZOGENEN STUFEN ERFORDERT GESCHICK UND RUTSCHFESTES SCHUHWERK

umexperimentierte. Wobei sich bei Letzterem, wie so oft in der venezianischen Geschichte, die Historie mit Legenden unentwirrbar vermischt.

Die Mythen rund um die rätselhaften Vorkommnisse auf Poveglia entwickelten über die Jahre eine mediale Eigendynamik, sodass die Insel von Geisterjägern analysiert und in weiterer Folge von einigen Reiseportalen zu einem der unheimlichsten Hotspots der Welt gekürt wurde. Natürlich sind die meisten Geschichten, die sich um die Isola di Fantasmi e Misteri ranken, historisch nicht belegt und werden nur mündlich von Generation zu Generation weitergegeben.

Die Isola di Fantasmi e Misteri erkunden

Bei genauerer Überprüfung zeigt sich, dass der überwiegende Teil der selbsternannten Poveglia-Spezialisten noch nie einen Fuß auf die Insel gesetzt hat. Nichtsdestotrotz ist die eigenwillige Atmosphäre dieses Eilands bei jedem meiner Besuche, egal ob bei Tag oder bei Nacht, fast greifbar. Über persönlich erlebte Geschichten von Booten, die sich mehrmals hintereinander wie von Geisterhand von ihrer Anlegestelle lösen, massiven Kamerastativen, die ohne fremdes Zutun irreparabel beschädigt werden, Mauerziegeln, die plötzlich aus den Wänden fallen, und diverse andere rätselhafte Vorkommnisse, für die jedwede rationale Erklärung fehlt, habe ich bereits ausführlich in anderen Büchern berichtet.

Mittlerweile habe ich mich mit den Geistern von Poveglia arrangiert oder besser gesagt die Geister von Poveglia haben sich mit mir arrangiert, und ich lasse mich bei jeder Visite vorbehaltlos auf die unerklärbaren Neckereien ein, die die Insel immer wieder für mich bereithält. Die anfängliche Angst der ersten Besuche ist in den letzten Jahren einem fast zwanghaften Drang gewichen, immer wieder an diesen besonderen Fleck Erde zurückzukehren und den unaufhaltbaren Verfall der Insel zu dokumentieren. Zumindest so lange die verlorenen Seelen von Poveglia nichts dagegen haben.

BLICK VON DER WENDELTREPPE AUF DAS VORGELAGERTE OTTAGONO

TAG 06 — INSELGEFLÜSTER

MEIN LIEBLINGSPLATZ AM BUG DES LUIGI, WENN ICH NICHT GERADE SELBER AM STEUERRAD STEHE

POLPO IN UMIDO

1	Zwiebel
2	Knoblauchzehen
¼ l	Weißwein
	Balsamico bianco
1	kleiner Oktopus
1 Dose	gewürfelte Tomaten
1 Dose	grüne Erbsen
	Olivenöl,
	»Zuve« nach Bedarf
	(Seite 26), Salz, Pfeffer

ZUBEREITUNG

Die Zwiebel in dünne Scheiben schneiden und bei großer Hitze glasig anbraten. Die geschälten Knoblauchzehen mit dem Messer anquetschen, beifügen und kurz mitbraten. Mit dem Weißwein ablöschen, die Dosentomaten einrühren, aufkochen, den Balsamico bianco zufügen, nach Geschmack salzen und pfeffern und zu guter Letzt die abgeseihten Dosenerbsen vorsichtig einrühren. Hitze reduzieren, den gewaschenen Oktopus in den Tomaten-Erbsen-Sud einlegen und bei kleiner bis mittlerer Hitze gut abgedeckt köcheln lassen. Achtung, bei großer Hitze wird der Oktopus hart!
Als Beilage bieten sich die erwärmten Reste der Kartoffelcreme (Seite 129) an. Ein knackiger Ribolla Gialla Colli Orientali vom Weingut Livio Felluga passt ebenso zu diesem typisch venezianischen Gericht wie ein eiskaltes Moretti- oder Dreher-Bier.

»EIN GUTER KOCH HÄLT LEIB, SEELE UND DAS SCHIFF ZUSAMMEN.«

PETER SCHANZ, 2011

Im Schatten der Serenissima

POVEGLIA, PELLESTRINA UND CHIOGGIA

TAG 07 — IM SCHATTEN DER SERENISSIMA

IN EINEM DIESER STELZENHÄUSER IN DER SÜDLICHEN LAGUNE WOHNT ISPETTORE CANOVA, DER PROTAGONIST MEINER VENEDIG-KRIMIS

MORGENRITUALE ZU WASSER UND ZU LAND

Kurz vor Sonnenaufgang schleiche ich mich, ohne die anderen zu wecken, an Deck. Mit Leselampe und Lele Vianellos Graphic Novel »Marco Polo«, die Geschichten aus der Perspektive der von Marco Polo besuchten Völker erzählt, mache ich es mir auf der vom Morgendunst noch klammen Heckklappe gemütlich. Mit den Füßen in der Strömung verschlinge ich die Geschichten des I Milioni, die Lele Vianello grafisch umgesetzt hat. Der Künstler, der mit Corto-Maltese-Schöpfer Hugo Pratt mehrmals zusammengearbeitet hat, wohnt nach wie vor in seinem Geburtsort Malamocco und ist ab und an in der legendären Trattoria da Scarso anzutreffen, in der seit Jahrzehnten die verträumten Bilder Hugo Pratts im Gastsaal hängen.

Mit den ersten Sonnenstrahlen erwachen auch die auf Poveglia beheimateten Silberreiher und Lachmöwen, die zwischen Inselufer und unserem Schiff mit aufgestellten Schwanzfedern und untergetauchten Köpfen ein drolliges, mit Vogelgesängen unterlegtes Baderitual veranstalten. Bei meiner morgendlichen Schwimmrunde lasse ich mich in der Strömung abtreiben und

BILD VORIGE SEITE: PANORAMABLICK ÜBER DIE LAGUNA SUD UND MALAMOCCO VOM DACH DES WÄSCHEREITRAKTES

POVEGLIA, PELLESTRINA UND CHIOGGIA

Kurs auf Chioggia, unser letztes Reiseziel in der venezianischen Lagune

kraule zurück zum Luigi, umrunde unser Schiff mehrmals, bis ich mich wieder an der Heckklappe hochziehe und in der Morgensonne trocknend voller Ungeduld auf das Erwachen unseres Kapitäns warte, der mich mit dem Schlauchi auf die Insel Poveglia rüberbringen wird. Reini brüht bereits Kaffee auf und gesellt sich zu mir an Deck.

Eine halbe Stunde später, während Wolfgang gerade die Ingredienzen für seine Insalata di Poveglia in den fruchtbaren Ecken Poveglias erntet, kämpfe ich mich bereits durch die mit Brombeerhecken und Strauchwerk überwucherten, geheimnisvollen Gänge der zuletzt als Sanatorium genutzten Gebäudekomplexe Poveglias.

Die auf der feuchtschwülen Insel besonders üppige Vegetation hat die von der Seeluft korrodierten Mauern an einigen Stellen komplett überwuchert. Eingestürzte Treppen, morsche Böden und die im Wind knarrende, geknickte Dachstuhlkonstruktion lassen mich jeden Schritt sorgfältig abwägen. Zerborstene Dachschindeln knirschen unter meinen Schuhen. Mein Langarm-T-Shirt wird unbarmherzig von den Dornen durchlöchert und auch mein Bandana verfängt sich in einer undurchdringlichen Rosenhecke und ist nur mit Mühe und einigen neuen Löchern wieder freizubekommen.

Nach meinem Erkundungsgang über die Insel – der Peststein steht nach wie vor, die hölzerne Verbindungsbrücke zwischen den zwei Inselteilen ist mit Brandspuren übersät, das Geländer im Wasser versenkt und der halbverfallene Veranstaltungssaal leuchtet noch immer in geisterhaftem Blau – lande ich schließlich auf dem Dach des ehemaligen Wäschereitraktes, von wo man eine Rundum-Aussicht über die südliche Lagune hat. Wolfgang klettert zu mir hoch und gemeinsam genießen wir für ein paar Minuten schweigend die Atmosphäre der Isola di Fantasmi e Misteri, bevor wir uns wieder auf den Rückweg zu unserem Schiff machen. Mit frisch geerntetem Poveglia-Rucola, grünen Feigen und saftigen Brombeeren im Gepäck kehren wir wieder an Bord zurück und lichten den Anker.

Ab hier darf ich wieder das Steuer übernehmen und den Luigi durch für mich heimisches Gewässer lenken. Nach Alberoni, der südlichsten Ortschaft des venezianischen Lido, an der sich auch die Anlegestelle für die Fähre nach Pellestrina befindet, zeigt der Tiefenmesser plötzlich über 40 Meter an, da hier an dieser ausgebaggerten Fahrtrinne die großen Tanker und Transportschiffe mit Zielhafen Marghera ein- und ausfahren. Prompt kreuzt auch eines dieser schwimmenden Monster unseren Kurs, dessen Schiffshorn mühelos die ganze Lagune zum Vibrieren bringt. Die Fahrt entlang Pellestrinas erweckt wehmütige Erinnerungen an meinen letzten Besuch, wo ich im Gastgarten des da Celeste in der Lagune gezüchtete Austern und Mitilla-Muscheln geschlürft habe.

EIN LEBENDIGES VENEDIG

Nach den Murazzi, die Venedig im Laufe der Jahrhunderte mehrmals vor verheerenden Sturmfluten schützen konnten, und dem daran anschließenden Naturschutzgebiet Ca'Roman, dem letzten Vorposten der südlichen Lagune, kommt auch schon das nach wie vor vom Fischfang geprägte Chioggia in Sicht.

Westlich der Hafenstadt legen wir bei strahlendem Sonnenschein an der Marina San Felice an der der Lagune zugewandten Seite Sottomarinas an. Von dort sind es nur ein paar Meter zu den Strandbädern und dem öffentlichen Badestrand dieses typischen Adria-Badeortes.

Im Hafenbecken trainiert eine Schulklasse in ihren Mini-Segelbooten voller Eifer das (Über)Leben auf dem Wasser. So wie auch in Venedig lernen bereits die Kleinsten, wie man sich mit dem allgegenwärtigen Wasser arrangiert.

Über die Ponte Translagunare, die Sottomarina mit Chioggia verbindet, machen wir uns in Richtung Zentrum auf. Auf der am Wege liegenden Isola dell'Unione findet am Abend das alljährliche Open-Air-Fischfest »Sagra del Pesce« inklusive Vasco-Rossi-Coverband statt. Heute macht der Wochenmarkt in Chioggia Station, wofür die Hauptverkehrsader Chioggias, der Corso del Popolo, für den Verkehr gesperrt wird.

Ganz Chioggia, Sottomarina sowie das restliche Veneto scheinen auf den Beinen zu sein. Die vielen Menschen, der irrwitzige Verkehr und vor allem das hektische Tempo wirken nach den letzten Tagen auf dem von der Normalzeit losgelösten Meer wie ein Schock auf mich.

POVEGLIA, PELLESTRINA UND CHIOGGIA

AN EINIGEN ECKEN CHIOGGIAS SIND DIE PARALLELEN ZUR GROSSEN SCHWESTER VENEDIG ERSTAUNLICH

Während Wolfgang noch diverse Dinge auf dem Markt ersteht, habe ich kein bestimmtes Ziel vor Augen und lasse ich mich, diesmal nicht mit den Meeresströmungen, sondern mit dem Menschenstrom, mitziehen. An der Calle Ponte San Giacomo bahne ich mir meinen Weg zwischen hupenden Autos, vorbeirasenden Motorrollern und mit Taschen und Tüten behängten Bewohnern, die in Richtung der Markstände strömen.

Mit seinen pittoresken Kanälen und engen Gässchen präsentiert sich Chioggia verblüffend ähnlich zu dem am anderen Ende der Lagune liegenden Venedig. Glücklicherweise sprüht das Zentrum dieses Fischerdorfes noch vor Lebendigkeit und Authentizität, da hier im Gegensatz zu seiner großen Schwester noch ausreichend Einwohner sowie eine funktionierende Infrastruktur das Stadtbild prägen. Der Tourismus ist zwar auch hier an jeder Ecke präsent, verläuft aber noch in geordneten Bahnen. So könnte ein modernes und lebendiges Venedig aussehen, wenn man den Overtourism in der Serenissima ernsthaft bekämpfen würde. Leider ist Venedig mit seiner rapide sinkenden Einwohneranzahl von diesem Ziel weiter entfernt denn je.

EL ZIOBA UND DIE ROTE PESCERIA

Nach einem ausgedehnten Bummel über den Markt, wo ich am Take-away-Stand frittierte Calamari und Patate fritte in der Tüte erstehe, verziehe ich mich in den Schatten der Ponte di Vigo mit Blick auf das Forte San Felice, wo ich meinen Imbiss genüsslich verzehre. Mit einer Hand meine Mahlzeit vor den lauernden Möwen abschirmend, beobachte ich das rege Treiben. Lautstark werden kaufwilligen Interessenten an den Marktständen Schuhe, Vorhänge, Topfpflanzen, Küchenzubehör sowie alles Mögliche und Unmögliche angepriesen. Preise und Rabatte werden gestenreich verhandelt. An den Tischen vor den Cafés, die sich entlang der Arkaden aneinanderreihen, wird der neueste Tratsch ausgetauscht, während sich Milchzähne schokoverschmierter Kindermünder in wohlduftende Bäckereien versenken.

Der mit einer roten Plane verhüllte Fischmarkt scheint im Gegensatz zu den immer weniger werdenden Anbietern auf Rialto in Chioggia aufzublühen und ist bestens mit tatsächlich kaufender Kundschaft frequentiert. Das vielfältige Angebot an Frischfisch und Krustentieren ist überwiegend vom Tagesfang abhängig und variiert von Tag zu Tag. Zugekauftes Meeresgetier aus fremden Gewässern ist an den Ständen nur vereinzelt zu finden und extra ausgeschildert. Gute Laune und freundliche Verkäufer prägen das entspannte Treiben. Von Hektik ist in der Pesceria rein gar nichts zu spüren. Am Ende des Corso del Popolo statte ich der mächtigen Cattedrale di Santa Maria Assunta, dem größten Bauwerk Chioggias, einen Besuch ab.

In einer Kirchenbank im hinteren Teil des menschenleeren Gotteshauses bringe ich mein Reisetagbuch auf den letzten Stand und nasche heimlich saure Pfirsichdrops, die ich gerade auf dem Markt erstanden habe. Das Rascheln des Papiersackerls hallt überlaut durch die meditative Stille, vom Marktlärm ist hier nichts zu vernehmen. Auf meinem Rückweg mache noch einen kurzen Caffè-Stopp in der direkt am Corso del Popolo liegenden Bar Pedavena, während das fahrende Marktvolk die Stände abbaut und wieder ein wenig Normalität einkehrt.

EIN VERTRÄUMTER SKIPPER AUF DER PONTE
VOR DER BASILICA MINORE DI SAN GIACOMO APOSTOLO

TAG 07 — IM SCHATTEN DER SERENISSIMA

SONNE, SAND & MEER UND EIN BISSCHEN WEHMUT

Den Nachmittag verbringen wir am öffentlichen Strand, lassen uns den Wind um die Ohren wehen, beobachten die Kitesurfer bei irrwitzigen Manövern, schwimmen und tauchen in den anbrandenden Wellen und lutschen Lakritz-Amarena-Granité vom fahrenden Verkaufsstand bis zum unvermeidlichen, schmerzvollen Brain Freeze.

Früh abends mache ich mich auf den Weg zu einem erbaulichen Spaziergang quer durch das sich auf die Sommersaison vorbereitende Sottomarina und stärke mich mit Meterpizza vom Take-away. Nach Kochen steht mir heute nicht der Sinn und ich nehme mir vor, den letzten Tag in der Lagune von Venedig entspannt ausklingen zu lassen. Nach einem weiteren malerischen Sonnenuntergang – die uns umgebende Lagune wird für ein paar wenige Minuten in magisches Licht getaucht – sitzen wir in der windgeschützten Marina an Deck unseres Luigi und jeder hängt schweigend seinen Gedanken nach, während die authentisch gespielten, zum italienischen Allgemeingut zählenden Gassenhauer der Vasco-Coverband über das Wasser des Hafenbeckens zu uns herübergetragen werden.

Ich lese noch eine Weile in meinem Sternenatlas, wobei mein Blick immer wieder auf das mit unzähligen funkelnden Sternen glitzernde Himmelszelt abdriftet. Es rückt sich alles wieder in die richtige Perspektive und ich fühle mich wie das vielzitierte Staubkorn im Universum.

Mit einer Mischung aus Demut und Wehmut, Ersteres aus Dankbarkeit für die letzten Traumtage und Letzteres, da wir morgen die Lagune verlassen und uns in Richtung Norden aufmachen wollen. Laut Wetterfröschen soll uns ausreichend warmer Scirocco in Richtung Lignano blasen.

Mit dem Wind gen Lignano

BÜCHER LIEBHABEN

Aus meinem in den letzten Tagen stark angewachsenen Bücherstoß krame ich Umberto Ecos »Die Kunst des Bücherliebens« heraus und vertiefe mich in einen Aufsatz, in dem er Richard de Bury zitiert, der schon im Jahr 1344 meinte: »Die Bücher entzücken uns, wenn uns das Glück lacht, sie trösten uns, wenn uns das Unglück zu quälen scheint.« Dem ist eigentlich nichts mehr hinzuzufügen.

Mit beruhigtem Gewissen ob meiner Leidenschaft für Bücher und Musik lasse ich mich sanft in den Schlaf wiegen, während ich dem sachten Anplätschern der Wellen an unserem Schiffsrumpf lausche.

VASCO ROSSI. BLASCO-TOP 12

»Albachiara«, 1978
»Va bene, va bene così«, 1984
»Un gran bel film«, 1996
»Ad ogni costo«, 2009
»Vita Spericolata«, 1983
»Sto pensando a te«, 2009
»Sally«, 1996
»Vivere«, 1993
»Senza parole«, 1994
»Stupendo«, 1993
»Gli Angeli«, 1996
»Ogni volta«, 1982

TAG 07 — IM SCHATTEN DER SERENISSIMA

LANDGANG IN CHIOGGIA

BLICK ÜBER DAS QUIRLIGE CHIOGGIA MIT DEM EHEMALIGEN STADTTOR PORTA GARIBALDI, AN DEM SICH LINKS UND RECHTS DER VERKEHR VORBEISCHLÄNGELT

MUSEO CIVICO LAGUNA SUD

Die Geschichte Chioggias ist eng verwoben mit der Geschichte des Fischfanges und des Bootsbaues. Das Museo gibt auf mehreren Stockwerken eindrucksvolle Einblicke in beide Themen. Historische Bademoden aus dem vorigen Jahrhundert, wie man sie in Thomas Manns »Tod in Venedig« trug, bizarr anmutende Tabakklistiere, die man zur Wiederbelebung Ertrunkener verwendete, detaillierte Schiffsmodelle, nautische Instrumente, antike Werkzeuge für den Fischfang, aber auch eindrucksvolle antike Bilder und Kunstwerke aus der Geschichte Chioggias vermitteln eine längst vergessene Welt, in die man im Museo für Stunden eintauchen kann. Für Lagunenforscher ist dieses Juwel ein Eldorado an Schätzen und Wissenswertem.

Eine Sonderausstellung widmet sich über ein ganzes Stockwerk verteilt den in Chioggia geborenen Fußball spielenden Brüdern Aldo und Dino Ballarin, die beide am 4. Mai 1949 mit dem gesamten Profikader des AC Turin bei einem verheerenden Flugzeugunglück bei Superga ums Leben kamen. Tausende zogen im Rahmen der Begräbnisfeiern durch die Stadt. Jeder Bewohner kennt nach wie vor den Namen Ballarin und das Brüderpaar zählt unauslöschlich zu den Volkshelden Chioggias.

A Campo Guglielmo Marconi 1
    30015 Chioggia
T +39 041 550 09 11
W museo.chioggia.org

EL ZIOBA

Der Wochenmarkt El Zioba (ital. für Donnerstag) entlang des Corso del Popolo ist einer der größten des Veneto und findet seit dem Jahr 1852 jeden Donnerstag bis 14 Uhr statt. Von regionalen Speisen, Blumen, Bekleidung, Taschen, Stoffen, saisonalem Obst und Gemüse bis zu Haushaltsartikeln, Pastaformen und exotischem Geschirr finden Kaufwillige an den zahlreichen Marktständen alles Mögliche und Unmögliche zu erschwinglichen, verhandelbaren Preisen.

A Corso del Popolo
    30015 Chioggia
Donnerstags bis 14 Uhr

PASTICCERIA SCAPINELLI

Leicht versteckt, unweit des Corso del Popolo, liegt Chioggias beste historische Dolci-Verabreichungsstelle mit Frühstücksoption. Prall gefüllte Theke mit süßen Backwaren und ein kleiner heller Innenraum, in dem man sich direkt vor Ort ins süße Nirwana schießen kann. Mamma mia, was für ein Juwel!

A Calle Mario Schiavuta 56
    30015 Chioggia
T +39 041 40 03 05

TAG 07 — IM SCHATTEN DER SERENISSIMA

MERCATO DEL PESCE

Der Fischmarkt von Chioggia hat täglich von 7 bis 13 Uhr geöffnet. Auf den mit Eis ausgelegten Verkaufstischen tummeln sich schillernde Granchio Blu, invasive, aber umso wohlschmeckendere Blaukrabben, die gerade die nördliche Adria überschwemmen, geschälte Code Mazzancolle, Tigergarnelenschwänze, gehäutete Cagnoletti (Glatthaie) sowie rosige Razza (Rochen). Am »Il re della sarda«-Stand werden ausschließlich im Rexglas eingelegte Sardinen angeboten. Der Nachbarstand bietet lebendige Boboli di Vida, Mini-Schnecken, in einem Plastikbottich an, die in Chioggia mit viel Knoblauch und Petersilie gewürzt als Delikatesse gelten. Die vorwitzigsten Exemplare, die den Rand des Bottichs erreicht haben, werden vom Verkäufer mit sanfter Hand wieder an den Start zurückgesetzt, bevor er sich wieder seinen Kunden zuwendet. Kurzum, ein authentischer Fischmarkt, der von kaufenden Kunden und nicht von fotografierenden Touristen lebt.

A   Calle Doria 953
    30015 Chioggia
Dienstag bis Sonntag 7 bis 13 Uhr, montags geschlossen

VERWUNSCHENE PALAZZI MIT INTERESSANTER HISTORIE FINDEN SICH AUCH IN DER FISCHERSTADT CHIOGGIA ZUHAUF

PANIFICIO DA SERGIO

An den duftenden Backwerken – egal ob salzig oder süß – dieses versteckten Kleinods kommt man ganz einfach nicht vorbei. Egal ob Torta di Mandorle, Biscotti al Cocco, Dolce del Pescatore oder Papini, ringförmige Osterkekse, die zuerst gekocht und anschließend gebacken werden und das ganze Jahr in den lokalen Bäckereien erhältlich sind. Wer noch nicht an der Theke der Panificio da Sergio gestanden hat, kennt Chioggia nicht.

A   Stradale Ponte Caneva 626
    30015 Chioggia
T   +39 041 401 200

AL BACARO

Quasi das Marktbeisl Chioggias in unmittelbarer Nachbarschaft der Pescheria. Sonniger Gastgarten, auf dessen Zaun ein alles sagendes, an rücksichtslose Zweiradfahrer gerichtetes »No bici, no moto, no discussioni«-Schild prangt. Drinnen geht es gemütlich zu. Caffé, Spritz und eine reichhaltige Auswahl an Fischgerichten, Meeresfrüchte-Variationen und Pasta-Tagesgerichten sorgen für das leibliche und seelische Wohl.

A   Fondamenta Marangoni 1296a
    30015 Chioggia

DO LIRE, BACARO VENEXIAN

Im Do Lire werden zwar keine Reservierungen entgegengenommen, aber mit ein bisschen Geduld und einem Ombra oder Prosecco zur Überbrückung der Wartezeit ergattert man einen der gemütlichen Tische direkt am Canal mit Blick auf die Pescheria. Bei Cicchetti-Klassikern mit Baccalà, Sarde in Saor, Lardo, Thunfisch-Kapern-Creme oder Tagesgerichten wie Linguine mit Vongole kann man nichts falsch machen. Die Preise sind mehr als fair und wirken schon fast aus der Zeit gefallen.

A   Fondamenta Canal Vena 1161
    30015 Chioggia
W   dolire.it

TRATTORIA AL CAPITELLO

Wer eine ruhige Ecke sucht, der ist fehl am Platz: Über das Kopfsteinpflaster an der Fondamenta, wo sich die fünf Tische des Gastgartens der Trattoria befinden, rattert nämlich der eine oder andere Motorroller. Dafür bekommt man im al Capitello Einblick in das authentische Chioggia sowie Ausblick auf den vorbeifließenden Kanal und die hier vor Anker liegenden Fischerboote. Als Primi werden Taglioni mit Seespinne oder Carbonara di Mare mit geräuchertem Schwertfisch und einer Garnelen-Variation serviert. Für den Hauptgang kommt der Tagesfang in den Ofen oder auf den Grill und mit reichlich Polenta an den Tisch. Auf der Weinkarte tummeln sich diverse Edel-Bollicine aus der Lombardei, dem Trentino und aus der Champagne und das hausgemachte Dessert wird mit Pistaziencreme veredelt.

A   Fondamenta Canal Lombardo 1294
    30015 Chioggia
T   +39 041 400 697
W   alcapitellochioggia.it

TAG 08

Arrivederci, ein Ankommen!
VON CHIOGGIA NACH LIGNANO UND ZURÜCK IN DEN HEIMATHAFEN

TAG 08 — ARRIVEDERCI, EIN ANKOMMEN!

UNTER VOLLEN SEGELN RAUS AUFS MEER

Unsere drei Wetter-Apps vermelden unisono für heute ideales Segelwetter. Noch ist es relativ windstill in der Lagune, doch im Lauf des Vormittags soll ausreichend Wind aus dem Süden aufziehen, der uns bis nach Lignano, dem letzten Ziel unserer Reise, bringen soll.

Bei strahlendem Sonnenschein und hochsommerlichen Temperaturen verabschieden wir uns von Chioggia und fahren mit der eisernen Genua, eine vom Genua-Segel abgeleitete Umschreibung für den Bootsmotor, bis zur südlichen Spitze Pellestrinas. Am Ende der Murazzi legen wir für einen Spaziergang bei Ca'Roman an. Dort wandern wir zwischen Lagune und Adria durch das Naturschutzgebiet mit seiner reichen Vogelpopulation. Den malerischen Strand haben wir ganz für uns allein, wenn man von den in den Dünen brütenden Möwen absieht, die uns mit argwöhnischen Blicken verfolgen.

Zwischenstopp auf Ca'Roman

Ich mache ein paar letzte Fotos in den ehemaligen Bunkeranlagen und dem verlassenen, verfallenen Schul-Sommerheim, einem der mystischen Lost Places auf Ca'Roman, der mittlerweile von der üppigen Vegetation komplett überwachsen ist. Einige der Mauern wurden von kompetenten Graffiti-Künstlern banksyesk veredelt.

Zurück an Bord bereite ich den Teig für die Beilage unserer Insalata di Poveglia vor, zu dem mich Wolfgang inspiriert hat. Bis zur nördlichen Spitze Pellestrinas, wo wir zwischen Santa Maria del Mare und Alberoni die Lagune verlassen und aufs offene Meer Kurs nehmen werden, darf ich wieder ans Steuerrad. Sobald wir die MOSE-Schleusen passiert haben und mit ablandiger Strömung aufs Meer hinausgeschoben werden, setzen wir die Segel und nehmen Kurs auf Lignano. Eine Delfinfamilie mit putzigem Nachwuchs begleitet uns für einige Augenblicke, inspiziert uns mit einem neugierigen Seitenblick und taucht zeitgerecht auf Nimmerwiedersehen ab, bevor ich die Kamera zur Hand habe.

BILD VORIGE SEITE: ANLEGESTELLE VOR DEM NATURSCHUTZGEBIET CA'ROMAN AM SÜDLICHSTEN ZIPFEL VON PELLESTRINA, WO MEHRERE KILOMETERLANGE MURAZZI DIE LAGUNE VOR DEM WELLENSCHLAG DER ADRIA ABSCHIRMEN

WENN DER WIND ES VORSCHREIBT, WIRD DIE INSALATA DI POVEGLIA
IN SCHRÄGLAGE SERVIERT UND GENOSSEN

TAG 08 — ARRIVEDERCI, EIN ANKOMMEN!

Reini übernimmt das Steuer, und da mein Namensvetter, wenn er nicht gerade isst oder in eigener Person am Herd steht, zumindest vom Essen redet, leiden wir binnen kürzester Zeit an übermäßigem Hunger. Da ähneln wir uns beide ziemlich. So steige ich angesichts unserer knurrenden Mägen hinab in die Kombüse und bereite meine erweiterte Version der Insalata di Poveglia zu.

Da wir heute unter vollen Segeln fahren, hat der Luigi eine ziemliche Schräglage und ich komme mir bei der Speisezubereitung in der Kombüse vor, als ob ich im schiefen Zimmer des Spiegelkabinetts im Wiener Prater hantieren würde. Der dampfende Nudeltopf schaukelt auf dem frei schwingenden Herd, Obst und Gemüse schwingen geräuschvoll aneinanderreibend an dem in der Decke befestigten Netz. Alles, was nicht fix in den Regalen verstaut wurde, schiebt sich über die mit Auffangleisten versehene Arbeitsfläche. Die Salatschüssel drapiere ich vorsorglich im Abwaschbecken und klemme den Brotkorb irgendwie dazwischen ein. Sobald der Wind ein klein wenig abflaut, portioniere ich die Insalata di Poveglia in kleine Schüsseln und reiche meinen Kameraden unser verspätetes Mittagsmahl an Deck (Rezept siehe Seite 174).

MIT EINEM GEWITTER IM NACKEN IN RICHTUNG LIGNANO

Wir essen heute an Deck im Stehen, nutzen den günstigen Wind und segeln unserem Ziel in unglaublichem Tempo entgegen. Wolfgang und Reini fachsimpeln über Kurs, Windstärke und die dazu benötigten (oder eben nicht benötigten) Segel, während ich nur Augen für das in Richtung Chioggia einlaufende Fischerboot habe, das von hunderten Möwen umschwirrt wird. Die nächsten Stunden vergehen fast wortwörtlich wie im Flug. Wir gleiten über die

Wasseroberfläche, den Wind in den Haaren, das Knattern der Segel im Wind und den salzigen Geschmack des Meeres auf den Lippen.

Erst am späten Nachmittag ziehen urplötzlich Wolken auf. Eine imposante Föhnrolle zwischen der Küste und dem Luigi, die uns auf weitere Wetterkapriolen einstimmt, formt sich am Himmelszelt, und interessanterweise informiert noch immer keine der regelmäßig abgefragten drei Wetter-Apps über heraufziehende Unwetter. Adria-Profi Wolfgang kann aufgrund seiner Erfahrung ziemlich genau auf die Minute vorhersagen, wie es wettermäßig weitergeht. Vorsorglich schlüpfen wir in unsere wasserdichte Kleidung und legen die Schwimmwesten an. Der Himmel und das Wasser wechseln im Minutentakt die Farbe. Fast schon psychedelisch anmutende Blau- und Grüntöne und auch die zu bizarren Landschaften und Gesichtern geformten Wolkenbänke erzählen von einer heranziehenden Gewitterfront. Gerade noch die Könige der Adria, sind wir im nächsten Augenblick zu Bittstellern degradiert, die voller Ehrfurcht und Demut auf einen sicheren Reiseplatz inmitten der ausschlagenden Naturgewalten hoffen.

Gegen 20 Uhr setzt starker Regen ein und das in unserem Nacken sitzende Unwetter schiebt uns vor sich her, während die Sicht immer schlechter wird. Die Dunkelheit bricht über uns herein und ich darf wieder ans Steuerrad. Wolfgang und Reini lotsen mich in die vor uns im strömenden Regen liegende Hafeneinfahrt Lignanos. Mit etwas Glück sollten wir den Hafen erreichen, bevor uns das Gewitter eingeholt hat.

> *Der Himmel und das Wasser wechseln im Minutentakt die Farbe.*

SOBALD MAN DER FÖHNROLLE ANSICHTIG WIRD, HEISST ES, OBACHT GEBEN UND DEN ANWEISUNGEN DES SKIPPERS FOLGEN

TAG 08 — ARRIVEDERCI, EIN ANKOMMEN!

Wolfgang hat uns in der Marina bereits telefonisch avisiert und ein kleines Lotsenboot, mit dessen Hilfe wir kurz nach 21 Uhr sicher im Hafen anlegen können, kommt uns entgegen. Pünktlich mit unserem Anlegemanöver stoppt auch der heftige Regen, wie sollte es anders sein.

Unsere leeren Mägen machen sich unangenehm bemerkbar. Wolfgang will zuerst duschen und sich frisch machen, aber ich insistiere auf umgehenden Landgang, damit unser allerletztes gemeinsames Abendmahl nicht der Sperrstunde zum Opfer fällt. Wir weisen die Elektrogolfwagerl, die uns über die weit verzweigten Piere bis zum Eingang der Marina kutschieren würden, entschieden ab. Mit einem Chauffeur zur in Gehdistanz entfernten Einfahrt der Marina gebracht zu werden wirkt auf uns irgendwie befremdlich.

Ich schleppe also Wolfgang und Reini in ein verwaistes, vorsaisonales Lignano, in der Hoffnung, noch irgendwo eine adäquate warme Mahlzeit mit einem passenden Glas Wein zu erhalten. Heute ist schließlich unser letzter gemeinsamer Abend, bevor wir morgen wieder in unseren Heimathafen in San Giorgio di Nogaro einlaufen.

Die Uhr zeigt kurz nach 22 Uhr und Lignano hat großteils seine Rollbalken heruntergelassen. Doch im Mandy werden wir noch wie Könige bedient und erfreuen uns an schmackhaftem Thunfischtartare, hausgemachter Pasta mit deftigem Entenragout, zarten Tintenfischen mit Erbsen und dem einen oder anderen Glas friulanischen Weines aus der reichhaltigen Karte. Ein würdiger Abschlussabend für unsere Reise, den wir mit einer nachmitternächtlichen Dusche in den luxuriösen Waschräumen der Marina beschließen, bevor wir uns in die Kojen zurückziehen. Nach dem langen, kräfteraubenden Tag bin ich heute sogar zum Lesen zu müde und der mittlerweile wieder einsetzende Regen singt heute mein Schlaflied.

EINE NOSTALGISCHE REISE: RADIO ADRIA

Lignano verbinde ich seit frühester Kindheit mit der streichelweichen, unverkennbaren Signation des lokalen Senders Radio Adria, der aus dem nahen Aquileia sendete und uns in deutscher Sprache mit Wissenswertem rund um einen perfekten Sommerurlaub versorgte. Erst viele Jahre später entdeckte ich, dass es sich bei diesem Ohrwurm um eine Easy-Listening-Version von »Wichita Lineman«, vom Rhinestone Cowboy Glen Campell handelte. Eine Coverversion, die fast an die Unsterblichkeit des Campell'schen Originals heranreicht, ist auf der Extended Version des R.E.M.-Albums »New Adventures in Hi-Fi« in Form einer tränentreibenden Liveversion zu hören. Mit diesen beiden Interpretationen im Ohr mache ich mich pfeifend auf den Weg zu meinem letzten Landgang.

»Wichita Lineman« Glen Campell, 1976
»Wichita Lineman« R.E.M., 2021

DIE SPRICHWÖRTLICHE RUHE VOR DEM SAISONALEN ANSTURM AUF LIGNANO SABBIADORO

TAG 08 — ARRIVEDERCI, EIN ANKOMMEN!

LIGNANO: A SORT OF HOMECOMING

SPURENSUCHE AM MORGENDLICHEN STRAND VON LIGNANO SABBIADORO

Am nächsten Morgen stehe ich um 8 Uhr morgens bei Caffè und Brioche an der Theke der Bar Gelateria King's. Auf einem Großbildschirm flimmern die neuesten Nachrichtengräuel, die freundliche asiatische Inhaberin an der Espresso-Maschine begrüßt jeden der Morgengäste mit Namen und ich muss erst mit einem weiteren Ristretto meine Morgenmüdigkeit bekämpfen, bevor ich weiterziehe. Die Regenwolken sind in der Zwischenzeit wieder abgezogen und die Sonne lacht vom Morgenhimmel. Buongiorno Lignano!

Momentan ist Lignano Sabbiadoro noch recht spärlich besucht und verströmt ein charmantes Ruhe-vor-dem-Sturm-Flair. Aber am Strand finde ich die bereits für die in den nächsten Wochen einströmenden Sommergäste vorsorglich aufgestellten Schirm- und Liegestuhlreihen vor. Im hüfttiefen Wasser sucht ein junger Mann im Neoprenanzug mit einem Metalldetektor den Boden Zentimeter für Zentimeter ab, während ihm seine Freundin vom Ufer aus zusieht und die Fundstücke in einer Plastiktüte verwahrt. Sie stellt sich als Silvana aus Bosnien vor und erklärt mir mit kindlicher Freude, welche Schätze sie in den letzten Tagen gehoben haben. Ringe, Münzen, Zahnspangen und Schmuckketten haben die beiden Strandpiraten aus dem Sand gebuddelt. Bei der heimischen Strandaufsicht sind sie nicht gern gesehen, darum beginnen sie bereits bei Sonnenaufgang ihr Tagwerk, bis sie von den Salvataggios verscheucht werden.

Über den Lungomare Trieste, mit der ersten Hotelreihe im Rücken, erkunde ich Lignano, wo ich so viele unbesorgte Stunden meiner Kindheit und Jugend verbringen durfte. An der ins Wasser reichenden Terrazza a Mare verweile ich und lasse den Blick über den weitläufigen Strand schweifen. Eine unbewegliche Armee aus Sonnenschirmen und Strandliegen bewacht die Szenerie in Habtachtstellung. Der Duft des gegrillten Würstchentoasts evoziert Kindheitserinnerungen, aber anstelle der Jukebox schallt der lokale Radiosender aus den Boxen der Aurora Strandbar. Die Eistruhe steht noch immer in der angestammten Ecke.

LIGNANO-NOSTALGIE: GITARREN-GEWITTER

Eine kleine Auswahl von zeitlosen Werken, die ich im Laufe der Jahre im Dischi-Plattenladen am Ende der Viale Venezia erstand. Natürlich kannte ich einige Bands nur aus Musikzeitschriften, ließ mich beim Kauf vom Plattencover leiten und hörte die Nummern erst nach der Rückkehr aus dem Urlaub. Walkman und MP3-Player waren damals noch nicht erfunden – und wer hat schon seinen Plattenspieler im Urlaubsgepäck?

»Wichita Lineman«, Glen Campell, 1976
»Live Evil«, Black Sabbath, 1983
»Monolith«, Kansas, 1979
»Aqualung«, Jethro Tull, 1971
»A race with the Devil«, Vanadium, 1983
»Band of Gypsys«, Jimi Hendrix, 1970
»Circo Massimo«, Antonello Venditti, 1983
»Colpa d'Alfredo«, Vasco Rossi, 1980
»Tales of Mystery and Imagination«, The Alan Parsons Project, 1976
»Animals«, Pink Floyd, 1977

TAG 08 — ARRIVEDERCI, EIN ANKOMMEN!

**MORGEN-
IMPRESSIONEN
ENTLANG DES
LUNGOMARE
TRIESTE**

Im Radverleih von Renato Bertoli in der Via Lilienfeld hängen seit fünfzig Jahren die alten Bilder vom lederbejackten, lässig auf seinem Motorrad lümmelnden Marlon Brando, in seiner unsterblichen Rolle als The wild One. Gleich daneben ist ein gerahmtes Bild des 1,97 m großen Boxweltmeister, Hollywood-Schauspielers und Comic-Helden Primo Carnera zu finden. Vergilbte Zeitungsausschnitte erzählen von glorreichen Tagen der Giro d'Italia und dem 3:1-Sieg des italienischen Fußball-Nationalteams über Deutschland 1982. Einige der Ausschnitte sind mit persönlichen Widmungen an Signore Bertoli versehen.

Wo früher der Lunapark war, befindet sich heute ein Parkhaus und auch einige in den letzten Jahren hochgezogene Hotelbauten sind mir unbekannt. Zu meiner allergrößten Bestürzung musste auch mein heißgeliebter Plattenladen, eines der wichtigsten Ziele eines jeden Lignano-Urlaubs, wo ich musikalisch prägende Schallplatten aus den verschiedensten Musikgenres erstand, einer Weinbar weichen.

Der Großteil Lignanos scheint aber seit Jahrzehnten unverändert und verströmt für mich noch immer dieses unvergleichliche Sonne-Sand-und-Meer-Urlaubsfeeling. Ein bisschen wie Heimkommen.

Hinter der Theke der Salumeria da Luciano steht derselbe freundliche Eigentümer wie damals, als ich in frühem Kindesalter mit meiner Mama für das Abendessen einkaufen ging. Bis zur Mittagszeit habe ich noch Zeit, mein Lignano zu erkunden, dann ist Wolfgang mit seinen kleinen Reparaturen am Boot fertig und wir müssen aus der Marina auschecken. Kreuz und quer erkunde ich die Gassen und Plätze Lignanos, um mich mit nostalgischen Erinnerungen im Kopf zu verabschieden. Zurück in meiner Kombüse fabriziere ich unsere letzte gemeinsame Mahlzeit – ein Osso Buco in Balsamico (Rezept Seite 175) – zu den schweren Donnerriffs von Black Sabbath und intoniere zum Missfallen aller Mitreisenden im Duett mit Ronnie James Dio »Children of the sea«.

TAG 08 — ARRIVEDERCI, EIN ANKOMMEN!

LANDGANG IN LIGNANO

MANDI PARENTESI FRIULANA

Moderne friulanische Küche mit Liebe zum Detail. Auf dem Tisch steht feinstes Fior Rosso Olivenöl aus Triest und Premium-Balsamessig von Sirk della Subida aus Cormons. Auf der Karte locken 36 Monate gereifter geräucherter Prosciutto von Osvaldo, Spaghetti mit Vongole und Bottarga oder Thunfisch-Tataki mit Limone und grünem Curry. Gastfreundschaft wird hier ganz großgeschrieben und der familiäre Charakter lässt das Mandi aus der kulinarischen Landschaft Lignanos angenehm hervorstechen.

A   Viale Italia 16
    33054 Lignano Sabbiadoro
T   +39 348 161 93 36
W   mandiparentesifriulana.it

CROCE DEL SUD

Die Familie De Rosa mit neapolitanischen Wurzeln versorgt die Sommergäste Lignanos bereits seit 1989 im Croce del Sud mit Pizza, Pasta und Meeresgetier. 2019 wurde die Institution baulich modernisiert und die Warteschlangen in der Hochsaison zeigen, dass man hier auch im neuen Gewand nach wie vor alles richtig zu machen scheint. Neben Pizza, Calamari und Zuppa di Pesce sind auch ausgefallene Posten wie zum Beispiel mit 24 karätigem Blattgold überzogene Burrata oder Carpaccio vom Wagyū-Rind zu finden.

A   Viale Venezia 27
    33054 Lignano Sabbiadoro
T   +39 043 170 221
W   crocedelsudlignano.it

ALIMENTARI RIDOLFO

Im Ridolfo hängen zwischen den Weinregalen Bilder von Mitarbeitern aus vergangenen Jahrzehnten. Als ich dem Besitzer erzähle, dass ich dieses Geschäft vor über 50 Jahren zum ersten Mal betreten habe, holt er das zum 60. Geschäftsjubiläum erstellte private Fotoalbum heraus und gewährt mir intime Einblicke in die Firmenhistorie. Der Charme dieses Delikatessen-Supermarktes konnte glücklicherweise erfolgreich in die Jetztzeit transportiert werden. Der Prosciutto kommt aus eigener Produktion, im Weinregal findet sich vom einfachen Tischwein bis zum Edel-Bollicine für jede Geldbörse etwas und in den Regalen locken Marmeladen, Biscotti, Pesti, Balsamici und Grissini.

A Via Udine 20
   33054 Lignano Sabbiadoro
T +39 043 171 218
W ridolfoalimentari.it

HAUCHDÜNN ODER MIT ETWAS BISS? IN DEN ALIMENTARI DES BADEORTES STELLT MAN SICH GERNE AUF DIE INDIVIDUELLEN WÜNSCHE DER LANGJÄHRIGEN STAMMKUNDEN EIN.

SALUMERIA DA LUCIANO

Dieses Feinschmecker-Paradies direkt an der Ausgehmeile Lignanos ist mittlerweile seit drei Generationen in Familienhand. Weine, Grappe, Antipasti, Prosciutto, Mortadella, Salumi- und Käsespezialitäten hängen hier in großer Dichte von der Decke oder lachen einem aus der Vitrine entgegen. Empfehlenswertes Alimentari der alten Schule mit altbekannten Gesichtern.

A Viale Venezia 50
   33054 Lignano Sabbiadoro
T +39 043 171 389

TAG 08 — ARRIVEDERCI, EIN ANKOMMEN!

GESTERN NOCH STRÖMENDER REGEN. HEUTE EITEL SONNENSCHEIN MIT ALPENPANORAMA IN DER MARINA VON LIGNANO SABBIADORO

VORLÄUFIGER ABSCHIED

Von Lignano bis zu unserem Heimathafen in San Giorgio di Nogaro ist es nur eine kurze Strecke. In absoluter Windstille motoren wir eine knappe Stunde durch die Lagune. Vereinzelte Wolken und Dunst verwischen den Horizont und ich kann nur raten, wo das Meer endet und wo der Himmel beginnt. Besser kann unsere Reise nicht zu Ende gehen.

Gemeinsam rekapitulieren wir die letzten Tage. Wir tauschen Kochrezepte und Kochtipps aus und danken den Wettergöttern für ihre Unterstützung. Mein größter Dank gilt allerdings Wolfgang, der mich, den Segel-Novizen, souverän durch diese neue Reiseerfahrung gesteuert hat. Nach dem Anlanden in San Giorgio zerstreuen wir uns fürs Erste in alle Winde.

... wo das Meer endet und der Himmel beginnt

TAG 08 — ARRIVEDERCI, EIN ANKOMMEN!

INSALATA DI POVEGLIA MIT OFENWARMEN ROSMARINBRÖTCHEN

400 g	Weizenmehl
1½ TL	Orangenblütenhonig
1 TL	Trockengerm
2 TL	Meersalz
280 ml	lauwarmes Wasser
4 EL	natives Olivenöl
1 EL	gehackter Rosmarin

ZUBEREITUNG DER ROSMARIN-BRÖTCHEN

Vor Zubereitung des Salates aus Mehl, Honig, Salz und Trockengerm unter Zugabe des lauwarmen Wassers mit den Händen einen Teig kneten und für mindestens 1 Stunde mit einem Geschirrtuch zugedeckt ruhen lassen. Anschließend den Teig noch einmal kneten, zu einer Rolle formen und in circa 5 Zentimeter lange Stücke schneiden. Die Teigstücke zu Kugeln formen und in eine mit Öl bestrichene, feuerfeste Form oder auf ein Backblech dicht aneinanderlegen und für weitere 15 Minuten rasten lassen.

Die Teigkugeln mit Olivenöl bestreichen, mit dem fein gehackten Rosmarin bestreuen und für 15–20 Minuten im Backrohr bei 200 Grad aufbacken, bis das Brot eine goldgelbe Farbe angenommen hat. Die Rosmarin-Brötchen erst bei Tisch voneinander lösen und warm servieren.

300 g	Farfalle
1	Radicchio di Treviso
3 Handvoll	Rucola aus Poveglia
1 kleines Körbchen	Brombeeren aus Poveglia
4	Feigen aus Poveglia
1	sonnengereifter weißer Pfirsich
6	Bocconcini-Mozzarella
½	Zitrone (Saft)
	natives Olivenöl
	Salz, Pfeffer

ZUBEREITUNG DER INSALATA

Die Farfalle in ausreichend Salzwasser kochen, abseihen und kalt abspülen. Den Radicchio in schmale Streifen schneiden und mit dem Rucola vermischen. Die Brombeeren, die geviertelten Feigen und den in Würfel geschnittenen Pfirsich unterheben. Den Salat mit der Pasta vermengen und die Mozzarella-Bällchen darüber verteilen. Mit Zitrone und Olivenöl marinieren, salzen und pfeffern. Gegen den Durst reiche ich aufgespritzte »Milipe«-Limonade.

OSSO BUCO IN BALSAMICO

4 Scheiben	Kalbshaxen
1 EL	Butter
100 g	Pancetta-Würfel
1	rote Zwiebel
1	roter Paprika
1	Knoblauchzehe
3	Tomaten
¼ l	kräftiger Rotwein
1 Zweig	Lorbeerblätter
1 Zweig	Rosmarin
2 EL	natives Olivenöl »Barosso« (Seite 22), Salz, Pfeffer

ZUBEREITUNG

Die Kalbshaxen in 2 EL Olivenöl bei großer Hitze auf beiden Seiten für je 1 Minute in einer Pfanne scharf anbraten, herausnehmen zur Seite legen. Die Butter zum Olivenöl in die Pfanne geben und die Pancetta-Würfel, die in Scheiben geschnittene rote Zwiebel, den gewürfelten Paprika sowie die angequetschte Knoblauchzehe anbraten. Die gewürfelten Tomaten zufügen, anschließend mit dem Rotwein ablöschen und gut umrühren.

Die Kalbshaxen einlegen, den Lorbeer- und den Rosmarinzweig zugeben, »Barosso« nach Geschmack einrühren und das Ganze für etwa 15 Minuten bei geschlossenem Deckel und mittlerer Hitze köcheln lassen. Eventuell noch etwas Wasser angießen. Am Ende der Kochzeit nach Geschmack salzen, pfeffern und mit dem restlichen Rosmarinbrot der Insalata di Poveglia (Seite 174) servieren und mit einem Glas Valpolicella Ripasso vom Weingut Tommasi zuprosten.

FREIHÄNDIG UND FREIEN
GEISTES AM FREI SCHWINGENDEN
HERD FÜR UNSER LETZTES
GEMEINSAMES MAHL AN BORD

Die Geschichte ist noch nicht zu Ende
ANHANG & ERGÄNZENDES

DEN MORGEN ÜBER DER
VENEZIANISCHEN LAGUNE
VOM VERLASSENEN FORTE
SANT'ANDREA AUS BEGRÜSSEN

BILD VORIGE SEITE:
AM ENDE UNSERES TRIPS VER-
SCHWIMMT DER HORIZONT
UND DAS MEER VERMÄHLT
SICH MIT DEM HIMMEL

NACHWORT

Im Lauf der nächsten Monate bin ich mit Wolfgang noch zwei weitere Male auf dem Luigi in See gestochen. Die Liste des Erlebten reiht sich nahtlos in die fantastischen Erlebnisse meiner Jungfernfahrt ein. Gemeinsam kreuzten wir gegen schwere Borawinde vor Triest, liefen bei malerischem Sonnenuntergang im venezianisch geprägten Städtchen Piran ein, philosophierten in Grado, übten im Beisein einer neugierigen Riesenschildkröte »Mann über Bord«-Manöver auf hoher See, übernachteten in der Laguna Morta, paddelten mit dem Kajak von Sant'Ariano nach Torcello und genossen beim gemeinsamen Dinner mit unseren Gästen auf Pellestrina frisch geerntete Lagunenaustern.

Mittlerweile habe ich zwei Nachtfahrten hinter mir, eine bei Gewitter und schwerem Seegang, ein anderes Mal bei klarem Sternenhimmel und sanftem Wind mit Zielhafen Venedig. Ich lernte, mich an den Sternen zu orientieren und den Lichter-Code der Leuchttürme entlang der Küste zu dechiffrieren. Ich bin noch ein gutes Stück davon entfernt, ein echter Seemann zu sein, aber ich lerne bei jeder Fahrt dazu. Ich habe Seeluft geschnuppert, meinen ersten Palstek geknüpft und träume schon auf der Heimreise vom nächsten Segeltrip.

NACHWORT

> »I FEEL THAT I WANT TO TAKE THE FIRST PERSON I MEET INTO MY ARMS AND DANCE MERRILY THROUGH THE STREETS!«
>
> SNOOPY

Während ich diese Zeile niederschreibe, sitze ich auf dem von der Morgensonne aufgewärmten Vordach des verlassenen Fortes auf Sant'Andrea. Jener Insel, wo wir bei unserem letzten Besuch fast unser Beiboot versenkt hätten. Die Sonne steht bereits einen Finger breit über dem Lido und taucht die Lagune in magisches Morgenlicht. Diesmal sind wir nach Mitternacht vor Sant'Andrea angelandet. Nach mehr als vier Stunden am Steuer habe ich den Weg in die Lagune fast im Alleingang bewältigt. Das nächtliche Anlegemanöver überließ ich wieder kundigeren Händen.

Die Crew schläft noch und ich habe eine gute halbe Stunde Zeit, um auf dem Dach des verlassenen Fortes den Sonnenaufgang über Venedig zu genießen, bevor ich mich ans Werk mache und unsere Passagiere mit einem Colazione per i Campioni, inklusive Blick auf die erwachende Serenissima, wecke.

MEINE »MIT DEM WIND«-CUCINA IM ÜBERBLICK

Zur Inspiration

FÜRS VORRATSREGAL

Balsamico-Rotwein-Essenz »Barosso«·
Balsamico Essenza di Vino Rosso 22

Gewürzpaste für Gemüsebouillon
»Zuve«· Zuppa Verdure 26

Limonade mit Ingwer »Milipe«·
Miele, Limone e Pepe 27

Minze-Koriander-Chutney
»Mikochu« 24

Orangenöl »Aranol«·
Olio di Arancio 21

Rucola-Pignoli-Fleur
de Sel-Pesto »Rupifle« 23

Tomaten-Vanille-Coulis »Povan«·
Pomodori alla Vaniglia 25

Vanilleöl »Oval«·
Olio di Vaniglia 20

ZUR INSPIRATION

CUCINA ITALIANA

Boreto Luigi * Fischeintopf nach Gradeser Art 78

Colazione per i Campioni * Frühstück für Champions 110

Dinner Porto Vecchio * Meeresfrüchte, wilder Hopfen und Minz-Erdbeeren 93

Fusilli all'indiana * Fusilli mit Melanzani, Chat Masala und Pecorino Nero 128

Gnocchi con Bottarga e Scamorza affumicata * Gnocchi mit Meeräschenrogen und geräuchertem Scamorza 79

K. u. k.-Brunch Miramare * Salumi, Formaggi, Antipasti und Frutti di Mare 90

Osso Buco in Balsamico * Kalbshaxe in Balsmico-Sauce 175

Polpo in Umido * Oktopus in Tomatensauce mit Erbsen 143

Insalata di Poveglia mit ofenwarmen Rosmarinbrötchen 174

Salsiccia-Steaks in Weißwein mit roten Trauben und Kartoffelcreme 129

Risotto Casarsa e Capra * Risotto mit grünem Spargel und Ziegenkäse 46

IM MANDI PARENTESI FRIULANA KOMMEN NUR DIE BESTEN BALSAMICI UND ÖLE AUF DEN TISCH

REISE-
LITERATUR

Balzac de, Honoré: Traumreisen, Friedenauer Presse, 2021 (Zitat Seite 5)

Brooke-Hitching, Edwar: Der Atlas des Himmels: Eine kleine Geschichte der Astronomie, Knesebeck Verlag 2020

Busch, Günter: Eugène Delacroix. Die Freiheit auf den Barrikaden, Reclam 1960

Caniato, Giovanni: La cavana di San Giacomo in Paludo, Filippi Editori Venezia 1983

Conrad, Joseph: Der Niemand von der Narcissus, Mare Verlag 2020 (Zitat Seite 103)

Eco, Umberto: Il nome della Rose, Oblomov Edizione 2023

Eco, Umberto: Die Kunst des Bücherliebens, dtv Verlag 2011 (Zitat Seite 153)

Giovene, Andrea: Die Autobiographie des Giuliano di Sansevero. Ein junger Herr aus Neapel Teil 1 von 5, Galliani-Berlin Verlag 2022

Joyce, James: Finnegans Wake, Suhrkamp, 1989 (Zitat Seite 69)

Keats, John: Auf eine griechische Urne; Oden, Insel Taschenbuch 1999 (Zitat Seite 16)

Leeves, Edward: Leaves from a Victorian diary, Martin Secker & Warburg Ltd 1987

Leon, Donna: So shall you reap, Hutchinson Heinemann 2023

Madera, Nuccio F.: Piccola Enciclopedia del Cinema, Arnoldo Mondadori 1974

Magris, Claudio: Der Portier aus Gekrümmte Zeit in Krems, Hanser Verlag 2022

Morris, Jan: Trieste and the meaning of nowhere, Da Capo Press 2001

Nadin, Lucia: Venezia e Albania. Una storica di incontri e secolari legnami, Adria Muse 2013

Nagele, Andrea: Sag mir, wen du hörst. Sag mir, wen du siehst. Sag mir, wer du bist, Emons Verlag 2021

Naldini, Nico: In den Feldern Friauls. Die Jugend Pasolinis, Bernd Mayer Verlag 1987

Pasolini, Pierpaolo: Der Traum von einer Sache, Fischer Verlag 1989

Pasolini, Pierpaolo: Die lange Straße aus Sand, Edel Verlag 2009

REISELITERATUR

Pasolini, Pierpaolo: Gramsci's Asche, Piper Verlag 1984

Pasolini, Pierpaolo: Nach meinem Tod zu veröffentlichen; Arbeitsgesuch, Suhrkamp Verlag 2012

Perale, Luca: In bici al Lido sulle tracce della grande guerra, Casa Editrice el squero 2012

Rumiz, Paolo: Europa. Ein Gesang, Folio Verlag 2023 (Zitat Seite 65)

Salomon, Wolfgang: Genießen in Venedig, Styria Verlag 2023

Schanz, Peter: 87 Tage. Blau-Logbuch einer Erdumrundung, Sansouci Verlag 2011 (Zitat Seite 143)

Schatzdorfer, Günther: Triest. Portrait einer Stadt, Carinthia Verlag 2008

Schulz, Charles: Peanuts Cartoon, 1965 (Zitat Seite 179)

Shands, Mark und McCullins, Don: Skulduggery, Jonathan Cape Ltd 1987

Strömstedt, Margareta: Astrid Lindgren – Ein Lebensbild; Tagebuch 1964, Oetinger Verlag 2001 (Zitat Seite 116)

Trulei, Olivere: Tauchfahrt in den Tod. Die Havmanden-U-Boote der k.u.k. Kriegsmarine, Klein Publishing 2021

Vianello, Riccardo: Sacca Fisola: Origini, storia e toponomastica, Edizioni Helvetia 1987

Vianellos, Lele: Marco Polo: Testimonies of an extraordinary journey, Lineadacqua 2007

Zanetti, Michele: Laguna Nord di Venezia, Cierre Edizioni 1992

FILM
Pasolini, Pierpaolo: La Ricotta (dt. Der Weichkäse), 1963 (Zitat Seite 35)

DIE LIBRERIA ACQUA ALTA – EINES MEINER BÜCHERPARADIESE (SIEHE TIPP SEITE 125)

DISKOGRAFIE

TAG 1
GROOVE-PLAYLIST IN MEINER
ITALO-CUCINA 31

»Sotto il segno dei Pesci«, Antonello Venditti, Philipps 1978
»Senza fiato«, Negramaro feat. Dolores O'Riordan, Universal 2007
»Piccola stella senza Cielo«, Ligabue, WEA 1990
»Bella d'estate«, Mango, Ariola 1987
»Una Notte Speciale«, Alice, EMI 1981
»Sambariò«, Drupi, Metronome 1976
»Una canzone per te«, Vasco Rossi, Carosello 1984
»Ancora tu«, Lucio Battisti, Numero Uno 1976
»Tornerò«, I santo California, Philipps 1974
»L'amore vuole amore«, Michele Zarrillo, RTI Music 1997
»Attenti al lupo«, Lucio Dalla, Ariola 1990
»Prendila così«, Luca Barbarossa & Mario »Bondi«, Sony 2015
»Pazza idea«, Patty Pravo, RCA 1973
»Un'estate italiana«, Gianna Nannini & Edoardo Bennato, Virgin 1990
»Su Di Noi«, Pupo, Baby Records 1980
»Triangolo«, Renato Zero, RCA 1978
»Maledetta primavera«, Loretta Goggi, 1981
»Alla fiera dell'Est«, Angelo Branduardi, Polydor 1976
»Io che non vivo«, Pino Donaggio, Columbia 1965
»Due, Riccardo Cocciante«, Virgin 1994
»Il tempo se ne va«, Adriano Celentano, Clan Celentano 1980
»Ti lascerò«, Anna Oxa & Fausto Leali, CBS 1989
»Se una regola c'è«, Nek, WEA 1999
»Figli delle stelle«, Alan Sorrenti, EMI 1977
»Cosa mi fai«, Angelo Fabiani, Mint Records 1992
»Che vuoi che sia«, Pooh, CGD 1995
»Nuovo«, Gianmaria Testa, 2011
»Primavera in anticipo«, Laura Pausini & James Blunt, Atlantic 2008
»Non mi tradire«, Paolo Vallesi, RTI 1994
»L'Appuntamento«, Ornella Vanoni, Ariston 1970

DISKOGRAFIE

WEITERE EMPFEHLUNG VOM SMUTJE
»Nuovo«, Gianmaria Testa, Produzioni Fuorivia 2011

BEST OF LULLABY 43

»Zeit«, Tangerine Dream, Ohr Laberl 1972
»Fearscape«, Klaus Schulze feat. Lisa Gerrard, SPV 2008
»Valtari«, Sigur Rós, EMI 2012
»The Perfume Soundtrack«, Sir Simon Rattle, Warner 2006
»Sunset Mission, Bohren & der Club of Gore«, Wonder Label 2000

Sounds of Silence

HÖRBÜCHER ZUM SCHLAFENGEHEN 43

»Vom Gehen im Eis«, Werner Herzog, Winter & Winter 2007
»Das Foucaultsche Pendel«, Umberto Eco, WDR 1990
»Der Seewolf«, Jack London, Kohfeldt 2008
»Der Doppelmord in der Rue Morgue«, Edgar Allan Poe, Random 2012
»Get in the Van«, Henry Rollins, Warner 1996

TAG 2
SUNRISE SOUNDS 52

»Vide cor meum (Hannibal Soundtrack)«, Hans Zimmer, Decca 2001
»La Wally (Diva Soundtrack)«, Alfredo Catalani, gesungen von Wilhlemenia Wiggins Fernandez, Milan 1981
»The thieving Magpie (Clockwork Orange Soundtrack)«, Gioacchino Rossi, Warner 1976
»Adagio Spartacus und Phrygia, Exzerp, (The Onedin Line Soundtrack)«, Aram Khachaturian, Philipps 1972
»Going Home, Liveversion (Local Hero Soundtrack)«, Dire Straits, Vertigo 1984
»Kurs auf Uma (Der Seewolf Soundtrack)«, Hans Posegga, Prudence 2001

TRIEST-PROG-CLASSIC-ALBEN 71

»Foxtrot«, Genesis, Charisma 1972
»Going for the one«, Yes, Atlantic 1977
»Thick as a brick«, Jethro Tull, Chrysalis 1972
»Atom Heart Mother Suite«, Pink Floyd, EMI 1970
»Breathless«, Camel, Decca 1978
»In the Court of the Crimson King«, King Crimson, 1969

TAG 3
SEGELTRÄUME 85

»I don't want to talk about it Live-Version«, Rod Stewart, Warner 1982
»Wet Dream«, Richard Wright, 1978
»Broken China«, Richard Wright, EMI 1996
»Il buono, il brutto, il cattivo (Soundtrack)«, Ennio Morricone, Eureka 1966
»La Wally-Ebben? No andrò lontana«, Maria Callas, Columbia 1954

TAG 4
SUMMER OF '83 104

»Bollicine«, Vasco Rossi, Carosello 1983
»I like Chopin«, Gazebeo, Baby Records 1983
»Dolce Vita«, Ryan Paris, Carrere 1983
»Vamos a la playa«, Righeira, Carrere 1983
»Sunshine Reggae«, Laid Back, Teldec 1983
»Do it again meets Billie Jean«, Club House, Metronome 1983
»Foreign Affair«, Mike Oldfield, Virgin 1983
»Too Shy«, Kajagoogoo, EMI 1983
»Sweet Dreams«, Eurythmics, RCA 1983
»Temptation«, Heaven 17, Virgin 1983
»Nobody's Diary«, Yazoo, Mute 1983
»Blue Monday«, New Order, Factory 1983
»Nightmare«, Saxon, Carrere 1983

Soundtrack zum Sommer meines Lebens

DISKOGRAFIE

WEITERE EMPFEHLUNGEN VOM SMUTJE
»Heit drah i mi ham«, Wolfgang Ambros, Bacillus Records 1975
»Apollo: Atmosphere and Soundtracks«, Brian Eno, Editions 1983

TAG 5
THE WATERBOYS. THE BIG MUSIC 120

»A long Way to the Light«, Puck Records 2005
»Fisherman's Blues«, Chrysalis 1988
»A Bang on the Ear«, Chrysalis 1989
»The Whole of the Moon«, Chrysalis 1985
»Song from the End of the World«, Ensign 1990
»How long will I Love you«, Ensign 1990
»Trumpets«, Chrysalis 1985
»Church not made by Hands«, Chrysalis 1984
»Strange Boat«, Chrysalis 1988
»This is the Sea«, Chrysalis 1985

WEITERE EMPFEHLUNGEN VOM SMUTJE
»Bologna«, Wanda, Problembär Records 2014
»Space Oddity«, David Bowie, RCA 1972

TAG 6

»Okkulte Stimmen«, Mediale Musik, Supposé 2007
»Tortuga un giorno in Paradiso«, Antonello Venditti, Sony 2015

UN GIORNO IN LAGUNA MIT ANTONELLO VENDITTI 135

»Cosa avevi in mente«, Heinz 2015
»Dalle pelle al cuore«, Heinz 2007
»Alta marea«, BMG 1991
»Che Fantastica Storia È la Vita«, BMG 2003
»Torino«, Heinz 1982
»Benvenuto in Paradiso«, Heinz 1991
»Raggio di luna«, Heinz 1991
»Regali di Natale«, Heinz 2007
»Goodbye Novecento«, BMG 1999
»Dimmelo Tu Cos'è«, Heinz 1982

TAG 7
VASCO ROSSI. BLASCO-TOP 12.................... 153

»Albachiara«, Targa 1978
»Va bene, va bene così«, Carosello 1984
»Un gran bel film«, EMI 1996
»Ad ogni costo«, EMI 2009
»Vita Spericolata«, Carosello 1983
»Sto pensando a te«, Capitol 2009
»Sally«, EMI 1996
»Vivere«, EMI 1993
»Senza parole«, EMI 1994
»Stupendo«, EMI 1993
»Gli Angeli«, EMI 1996
»Ogni volta«, Carosello 1982

Italienisches Allgemeingut vom Feinsten

LOST IM DSCHUNGEL VON POVEGLIA

DISKOGRAFIE

TAG 8
RADIO ADRIA 165
»Wichita Lineman«, Glen Campell, Capitol 1976
»Wichita Lineman«, R.E.M., Craft 2021

WEITERE EMPFEHLUNGEN VOM SMUTJE
»Dio Children of the sea«, Black Sabbath, Warner 1980

LIGNANO-NOSTALGIE:
GITARRENGEWITTER 167

»Live Evil«, Black Sabbath, Vertigo 1983
»Monolith«, Kansas, Kirshner 1979
»Aqualung«, Jethro Tull, Chrysalis 1971
»A race with the Devil«, Vanadium, Durium 1983
»Band of Gypsys«, Jimi Hendrix, Polydor 1970
»Circo Massimo«, Antonello Venditti, Heinz Music, 1983
»Colpa d'Alfredo«, Vasco Rossi, Targa Italia, 1980
»Tales of Mystery and Imagination«, The Alan Parsons Project, 20th Century Records 1976
»Animals«, Pink Floyd, Harvest 1977

WEITERE EMPFEHLUNGEN VOM SMUTJE
»Cellosuite No. 3 in C-Dur«, Johann Sebastian Bach, 1998 Winter & Winter

Die besten Sounds und Lieblingsrezepte zum Mitnehmen finden Sie auf unserer Buch-Bonus-Seite. Folgen Sie dem QR-Code!

BAGNO AUSONIA. STÄDTISCHES „BADEZIMMER" DER TRIESTINER FÜR MITTÄGLICHE ABKÜHLUNG

Dank

Ehre, wem Ehre gebührt! Ein großes Dankeschön ergeht an: Wolfgang Siebenhandl, Reini Salomon, Paolo Rumiz, Andrea Nagele und an all jene, die mir als Inspiration auf dieser außergewöhnlichen Reise dienten.

Riesendank an meine Lektorin Carina Manutscheri, an Elisabeth Fantner-Blasch und an die zahlreichen fleißigen Hände des Styria-Tribes, die für dieses Buch im Hintergrund tätig waren.

Danke auch an die uns gnädigen Wettergötter, an die unergründliche Adria, den über uns wachenden Nordstern, die kalte Bora, den warmen Scirocco und an all die anderen Luftströmungen, Winde und Stürme, ohne die wir unsere Ziele nie erreicht hätten.

Seit über einem Jahr gibt es die Möglichkeit, gemeinsam mit Wolfgang und mir auf kulinarische Segelreise zu gehen. Im gemütlichen Rahmen beherbergen wir maximal 4 Gäste auf unserer Entdeckungsfahrt quer durch die venezianische Lagune, bei der ich für das leibliche Wohl unserer Gäste sorge. Es sind keinerlei nautische Vorkenntnisse notwendig.

W segelnundmeer.at

Liebe Leserin, lieber Leser,

hat Ihnen dieses Buch gefallen? Dann freuen wir uns über Ihre Weiterempfehlung! Erzählen Sie in Ihrem Freundeskreis davon, in Ihrer Buchhandlung oder bewerten Sie es online.

Wollen Sie weitere Informationen zum Thema? Möchten Sie mit dem Autor in Kontakt treten? Wir freuen uns auf Austausch und Anregung unter leserstimme@styriabooks.at

Inspiration, Geschenkideen und gute Geschichten finden Sie auf www.styriabooks.at

STYRIA BUCHVERLAGE

© 2024 by Styria Verlag
in der Verlagsgruppe Styria GmbH & Co KG
Wien – Graz
Alle Rechte vorbehalten.
ISBN 978-3-222-13719-8

Bücher aus der Verlagsgruppe Styria gibt es
in jeder Buchhandlung und im Online-Shop
www.styriabooks.at

Alle Fotografien inkl. Cover: Wolfgang Salomon (außer Bild S. 11 Arianne Reisenweber, S. 133 Wolfgang Siebenhandl)
Autorenfoto Umschlag: Arianne Reisenweber
Buch- & Covergestaltung, Karte: Verena Bachernegg, Simone Jauk
Lektorat: Carina Manutscheri
Korrektorat: Dorrit Korger
Projektleitung: Elisabeth Fantner-Blasch

Hinweis: Die Kontaktdaten bei den Tipps entsprechen dem aktuellen Stand bei Redaktionsschluss (Januar 2024). Die Überblickskarte erleichtert die Orientierung, kann aber die Verwendung einer detaillierten Karte oder eines Navigationssystems natürlich nicht ersetzen. Für Inhalte Dritter übernehmen Autor und Verlag keine Haftung.

Druckerei: Florjancic
Printed in the EU
7 6 5 4 3 2 1